SAN FRANCISCO DE ASÍS

SAN FRANCISCO DE ASÍS

por Luis Rutiaga

Grupo Editorial Tomo, S. A. de C. V.
Nicolás San Juan 1043
03100 México, D. F.

1a. edición, octubre 2002.
2a. edición, octubre 2003.
3a. edición, marzo 2005.

Nicolás San Juan 1043, Col. Del Valle
03100 México, D.F.
Tels. 5575-6615, 5575-8701 y 5575-0186
Fax. 5575-6695
http://www.grupotomo.com.mx
ISBN: 970-666-623-0
Miembro de la Cámara Nacional
de la Industria Editorial No 2961

Proyecto: Luis Rutiaga
Diseño de Portada: Emigdio Guevara
Formación Tipográfica: Luis Rutiaga
Supervisor de producción: Leonardo Figueroa

Impreso en México - *Printed in Mexico*

Contenido

Señor, haz de mi un instrumento de tu paz.
Donde haya odio, que yo lleve amor.
Donde haya ofensa, que yo lleve perdón.
Donde haya discordia, que yo lleve la unión.
Donde haya duda, que yo lleve la fe.
Donde haya error, que yo lleva la verdad.
Donde haya desesperación, que yo lleve la esperanza.
Donde haya tristeza, que yo lleve la alegría.
Donde haya tinieblas, que yo lleve la luz.
Oh Maestro, concédeme que yo no busque
ser consolado, sino consolar.
Ser comprendido, sino comprender.
Ser amado, sino amar.
Porque: dando se recibe,
perdonando se es perdonando,
muriendo se resucita a la Vida Eterna.

Prólogo

Amable lector, aquí encontrarás cosas o hechos de la vida de San Francisco que quizás no vayan de acuerdo con esta sociedad del siglo XXI. Es lógico. Francisco vivió en otro tiempo, en concreto en el medioevo, donde conceptos, ideas, moral y circunstancias eran distintos de lo que hoy conocemos y aceptamos. Francisco fue un hombre de su tiempo y como tal se comportó y vivió.

Cada uno de nosotros puede tomar las enseñanzas que queramos de su vida, sólo tendremos que saber que estamos en este siglo. Han pasado muchos años desde que Francisco estaba en este mundo y aún continúa estando presente entre nosotros. Su fuerte personalidad no ha dejado de atraer y fascinar durante todo este tiempo a miles y miles de personas. Este "loco" repartió lecciones de verdadera sabiduría, aunque él se consideraba "ignorante e indocto".

Sin duda fue la acción del espíritu quien hizo de él un ser tan humano y tan lleno de Dios, tan grande y sencillo a la vez, tan admirable y humilde... como auténtica copia que fue de su Señor y Maestro: Jesús de Nazaret.

Para Francisco nada tenía sentido sino vivir para Cristo y en Cristo. Da relieve a su persona la forma de vida que observó: el Evangelio de nuestro Señor Jesucristo. Su grandeza es su pobreza, su sencillez, su generosidad y su entrega por completo a Aquel que lo puede todo.

Sólo hay una forma de asimilar su manera de vivir con Dios, con el hombre y la naturaleza: acercándonos a él con un corazón limpio y ojos sencillos, de otra manera será imposible comprenderlo y por supuesto vivirlo.

Si oímos su voz y contemplamos su vida nos daremos cuenta que es Dios mismo quien está de por medio, no cerremos nuestros oídos ya que él se va a presentar ante nosotros.

Luis Rutiaga

1

Francisco y su tiempo

Cuando nació San Francisco, la Edad Media terminaba para dar paso a los siglos del gótico. La caballería con sus ideales no sólo era un pensamiento, sino una verdadera institución. No es raro que el joven Francisco aspirara a la vida caballeresca con los honores mundanos que ello ofrecía. Las cruzadas ofrecían, además, para el hombre piadoso una formidable oportunidad para luchar literalmente por Cristo.

Por otra parte, aunque la Iglesia era la fuerza disciplinaria y expansiva de su tiempo, en la plebe se propagaba la herejía lenta pero profundamente. Existían dos grandes potencias en esa época: la Iglesia y el Imperio, pero comenzaba una tercera potencia: El Común, es decir, los núcleos de población que viajaban, trabajaban, producían, traficaban y manejaban dinero, y con el dinero el Poder.

Ahora bien, el catolicismo en Europa todavía no era un hecho. Aún estaba en proceso la conversión de Inglaterra, Alemania, Hungría y Bohemia. Muchas zonas aún eran bárbaras en la propia Alemania, Escocia, Irlanda y Escandinavia.

Las fuerzas antiguas subsistían al lado de las nuevas: Imperio, Feudalismo y Caballería, que como ya dijimos, no sólo eran palabras, sino vivencia diaria.

En esos momentos la Iglesia, la obra de los sacerdotes —a veces óptima, a veces deficiente— no proveía la seguridad espiritual ni la autoridad entre el Común.

A fines del Siglo XII hay un doble apremio: uniformar la vida más estrechamente al evangelio y convertir las palabras en hechos.

En ese momento llega San Francisco de Asís con la perspicacia, la adaptabilidad del mercader heredados de su padre, y de su madre: la sensibilidad, la grandeza de ánimo y la Misión.

En la perspectiva histórica, San Francisco predicaba mucho de lo mismo que hacían los herejes cátaros, patarenos y valdenses de su tiempo. San Francisco al igual que ellos quería seguir el Evangelio al pie de la letra, incluyendo —y en esto hace una diferencia fundamental con los herejes— lo que se refiere a la autoridad de Pedro, de los Apóstoles y de sus sucesores. Los herejes querían pobreza y castidad, pero la nota herética estaba fundada en la soberbia de su propia virtud. Francisco, al contrario, se dice a sí mismo el último de los hombres: besa la tierra donde pisa un sacerdote. Los herejes pretendían ser evangélicos, pero eran sectarios, con todos los defectos de orgullo, exclusivismo y rebelión propios de las sectas. San Francisco tiene una adhesión total a la iglesia y una humildad inexistente en los herejes.

No es raro que los cardenales de su tiempo le vieran con desconfianza. Pero Francisco lograba un cambio fundamental en la Iglesia: predicaba con el ejemplo. Esta noción tan común y familiar en nuestros días, no pertenecía a los siglos XII y XIII. El Papa Inocencio III percibía la necesidad de una expansión más espiritual de la Iglesia, que había tenido en los últimos años una actividad más política y de "árbitro" entre los imperios que de labor apostólica, y Francisco es la respuesta a sus plegarias. San Francisco de Asís, se convirtió entonces en el gran transformador de la Iglesia Católica, y este hecho fue piedra fundamental para la construcción del catolicismo que conocemos hoy. Pero el legado de San Francisco de Asís, pertenece a un capítulo aparte...

2

Sus primeros años

Era el año 1182. La Edad Media aún no acababa, pero los siglos del gótico ya se asomaban a la puerta. Era una época de guerra, caballería, castillos, fantasías, idealismo y doncellas.

En este ambiente fantástico, nació en el seno de una familia de ricos comerciantes un pequeño que fue bautizado con el nombre de Juan. Su padre, Pietro Bernardone era el más acaudalado mercader de telas, y su madre, Madonna Picca una sensible y amorosa dama proveniente de Provenza (Francia). Juanito no tardó en ser apodado "Francesco" o "Francesito". Su nombre original sería olvidado y todo el mundo le conocería como Francisco.

Para Italia eran tiempos difíciles. El rey Federico Barbarroja luchaba continuamente contra el pontífice en Roma. Italia guerreaba contra Alemania, e incluso las ciudades vecinas luchaban entre sí.

En Asís regía un gobernador alemán llamado Conrado, quien se ausentó por unas semanas, ocasión aprovechada por los habitantes de Asís para destruir completamente el Castillo del Gobernador. Con las propias piedras del castillo erigieron una muralla que existe hasta nuestros días.

Envanlentonados con la victoria y por la calidad de sus defensas, los de Asís declararon la guerra a Perugia, la ciudad vecina. Era el año 1202. En el Puente de San Giovanni, el arte militar de los vecinos de Perugia les otorgó la victoria, y éstos tomaron prisioneros de entre los de Asís. Entre esos prisioneros estaba Francisco.

Once meses duró la prisión de Francisco. Es en este encierro e inactividad cuando comienza el tránsito de Francisco. Todo comenzó ahí. Francisco se convence de que toda la realidad es efímera y transitoria, de que nada tiene solidez salvo Dios. Comprende lentamente, entre la desesperanza y la desazón la verdad de su vida: Sólo Dios vale la pena.

Todo el mundo de Francisco comenzó a desmoronarse: los castillos almenados, las espadas fulgurantes abatiendo enemigos, los caballeros que iban a los campos de batalla bajo las banderas del honor en pos de la Gloria, los títulos nobiliarios conquistados a punta de lanza, la fama difundida en canciones de los rapsodas. En el tiempo de Francisco, todos los caminos de la grandeza pasaban por los campos de batalla. Y en el llano de Ponte San Giovani, todo el mundo, toda la concepción de la vida como había sido durante toda la vida de Francisco, se hacía polvo.

Pero, justo en el momento más crítico del encierro, Francisco parece enloquecer: se le ve radiante, feliz, incluso eufórico. Sus compañeros de prisión, notablemente molestos le reclaman el por qué de tanta felicidad. El joven respondió textualmente: "¿Sabéis por qué? Mirad, aquí adentro llevo escondido un presentimiento que me dice que llegará el día en el que todo el mundo me venerará como Santo".

En 1203 Asís y Perugia hacen un tratado de Paz y los prisioneros fueron puestos en libertad.

A su regreso de Perugia, apenas pisó las calles de Asís, echó por la borda sus meditaciones, olvidó los reclamos del Señor y se enfrascó en un torbellino de fiestas. Muerta la sed de gloria, le nacía la sed de alegría.

De banquete en banquete, de fiesta en fiesta, Francisco se convertía en el líder indiscutible de la ciudad de Asís: carismático, generoso y alegre, era seguido por todos lo jóvenes. Dicen que ya desde entonces, Francisco era un muchacho muy generoso, que lo mismo organizaba grandes banquetes para sus amigos, que daba grandes limosnas.

Pero de pronto, su alegría volvió a apagarse. En esta ocasión fue la enfermedad, grave, de extraña naturaleza, de difícil diagnóstico. Durante largos meses atacó a Francisco con sudores fríos, altas temperaturas, obstinadas pesadillas y debilidad general. La familia pensaba cada noche que Francisco no amanecería. Fue un largo, muy largo convalecer. Su madre amorosa estaría todo el tiempo a su lado.

Aquel joven empezó a experimentar en estos meses la dulzura de Dios, y entonces Francisco sentía una profunda paz y arranques de sabiduría.

Francisco se levantó y apoyado en un bastón, comenzó a dar unas cuantas vueltas dentro de su aposento. A los pocos días, decidió dar un paseo por la campiña. Encontró a la naturaleza embriagadora, en una mañana azul, en los momentos en que el sol vestía las lejanas colinas de un misterioso tono blanco azul.

La vida palpitaba en las entrañas de la madre tierra y se expandía hacia afuera en armonías y colores por medio de insectos, aves, plantas y árboles. La vida sonaba, vibraba. Pero a pesar de eso, Francisco estaba apagado por dentro. Él mismo se sintió sorprendido y defraudado. Simplemente, estaba demasiado agotado por la enfermedad.

Pasaron los meses y Francisco recuperó sus fuerzas y regresó a los banquetes.

3

La noche de la libertad

En 1204, los ejércitos alemanes se enfrentaban contra los soldados italianos del Papa Inocencio III. Con la llegada de Gualterio de Brienne, empezaron los triunfos. Los católicos se entusiasmaron y los jóvenes de todos los rincones del país corrían a los cuarteles a presentarse como voluntarios.

Francisco retomó sus sueños caballerescos y a toda prisa salió de Asís en dirección de Foligno.

Al caer la tarde, la expedición llegó a Espoleto. Y esa noche, Francisco escuchó en sueños una voz que le preguntaba:

—¿Francisco, ¿adónde vas?

—A la Apulia, a pelear por el Papa.

—Dime, ¿quién te puede recompensar mejor, el Señor o el siervo?

—Naturalmente, el Señor.

—Entonces, ¿por qué sigues al siervo y no al Señor?

—¿Qué tengo que hacer?

—Vuelve a tu casa y lo entenderás todo.

Y a la mañana siguiente Francisco regresó a su casa.

Esa noche, en Espoleto, acaba todo y comienza todo. Esa noche Dios pasó por las latitudes de este hombre. Dios visitó a este amigo. Esa noche, volaron todas las ataduras. Francisco se sentía libre y no le importaba nada. Sólo su Señor. Francisco se apartaba en ese momento de una vida sencilla y se lanzaba a una ruta incierta, llena de enigmas e inseguridades, y lo hacía solitariamente.

Francisco regresó bañado por aquella presencia. No atendió a las dudas, chismorreos y murmuraciones que su regreso habían provocado. A Francisco, todavía bajo los efectos de la visitación, no le importaba lo que dijeran, estaba absolutamente sereno.

Durante tres años, Francisco fue llenándose inexplicablemente de una profunda paz. Le nació una ternura para con todo lo que fuera insignificante o pequeñito. Ya no era capaz de matar a una mosca, ni de pisar una piedra, ni enjaular un pájaro. Le nació todo un río de compasión para con los pordioseros y leprosos. Y una serenidad típica de las montañas eternas, fue velando progresivamente su pequeño rostro.

Francisco ya no se sentía bien en medio de aquellas fiestas y decidió acabar con todo. Le aparece una impetuosa inclinación que le acompañaría hasta su muerte: la sed de soledad.

Las visitaciones extraordinarias que había recibido despertaron en Francisco un ardiente deseo de estar a solas con el Señor. También era una sed de Dios.

El futuro santo comenzó a frecuentar diariamente las soledades que rodean a Asís para orar. De tanto vagar por los bosques del Subasio, acabó por encontrar un lugar ideal para sus retiros cotidianos. Era una gruta. Todos los días, ingresaba a las entrañas de la cueva y allá derramaba su alma: expresaba fuertes gemidos, suspiros y lágrimas. Después de largas horas, Francisco salía de la gruta y retornaba a sus labores diarias en la tienda de su padre.

Tras unas semanas, era tanta su alegría, que todos notaron el cambio. Comenzaba a operarse una transfiguración.

El joven aparecía vestido de serenidad y de una extraña alegría.

A los pocos meses de trato asiduo y personal, el Señor sacó a Francisco de sí mismo y lo lanzó hasta el fin de sus días al mundo de los olvidados. Primero fueron los pordioseros, luego los leprosos.

Francisco llegó a Dios mediante los pobres. Una sensibilidad extraordinaria hacia los más olvidados proveía la raíz del cultivo del trato personal con el Señor.

Aunque ya de tiempo atrás era dadivoso con los pobres, se propuso nunca negar limosna a ningún mendigo. Si no llevaba dinero consigo, llegaba al extremo de quitarse la ropa para entregarla a algún pordiosero. Frecuentemente llegaba semidesnudo a casa, y Madonna Pica solamente sonreía discreta, pues sabía bien lo que hacía su hijo.

Francisco no solamente daba limosnas. Se aproximaba a cada mendigo y le preguntaba su nombre, le pedía que le contara algo de su vida, le preguntaba por sus esperanzas, se interesaba por su salud.

Y mientras tanto, seguía pasando largas horas en la caverna, iluminada por el resplandor de su fuego interior. Hablaba con Dios como un amigo habla con otro amigo. Salía encendido como un tizón, radiante de alegría y emprendía el regreso a casa.

Comienzan a aparecer en el espíritu de Francisco dos ramificaciones: una para el Crucificado, y otra para el Gran Señor Dios.

4

La prueba de fuego

A pesar de la nueva profunda vida interior, Francisco sentía una repugnancia indescriptible hacia los leprosos. Estos enfermos le producían un asco insoportable. Los leprosos eran en esos tiempos, fuente de horror, pero al mismo tiempo en cada ciudad había una leprosería donde cuidarles.

Una mañana, se topó súbitamente a pocos metros con la sombra de un leproso que le extendía su cuerpo carcomido. La sangre se le encrespó a Francisco en un instante. Todos sus instintos de repulsa se levantaron. El primer impulso fue huir de ahí. Pero un día, en la gruta, el Señor le había dicho:

"Querido Francisco: Si quieres descubrir mi voluntad, has de despreciar todo lo que has amado hasta ahora y amar lo que has despreciado. Y en cuanto hayas comenzado a hacerlo, verás cómo las cosas amargas se tornan dulces como la miel, y las que te agradaban hasta hoy te parecerán insípidas y desagradables".

Depositó la limosna en manos del leproso, aproximó sus labios a la mejilla descompuesta del enfermo y lo besó con fuerza una y otra vez. Luego estampó besos en su dos manos. El leproso le vio estupefacto, y en los ojos de Francisco apareció una ternura nunca antes vista.

Un día, Francisco se encontró con una humilde capilla recostada en una loma. La ermita estaba dedicada a San Damián. En sus muros se veían hendiduras que ponían en peligro el lugar. La hiedra trepaba hasta cubrir los muros laterales. En su interior había un sencillo altar de madera y, a modo de retablo, un crucifijo bizantino.

Francisco se quedó a orar frente al crucifijo, y por tercera ocasión, el contacto divino se hizo presente. Esta vez tenía un nombre concreto: Jesucristo.

La imagen del Crucificado penetró en el alma de Francisco. Con los ojos elevados, Francisco oró así:

—¡Glorioso y gran Dios, mi Señor Jesucristo! Tú eres la luz del mundo, pon claridad, te suplico en los abismos oscuros de mi espíritu. Dame tres regalos: la fe, firme como una espada; la esperanza, ancha como el mundo; el amor, profundo como el mar. Además, mi querido Señor, te pido un favor más: que todas las mañanas al rayar el alba, amanezca como un Sol ante mi vista tu santísima voluntad para que yo camine siempre a su luz. Y ten piedad de mí, Jesús.

Y de pronto, nadie podría decir cómo, se oyó claramente una voz que al parecer procedía del Cristo:

"Francisco, ¿No ves que mi casa amenaza ruina? Ve y trata de repararla".

—Con mucho gusto lo haré, mi Señor —respondió Francisco.

Francisco observó la ermita por fuera, y se dio cuenta del mal estado de la construcción. Se acercó al anciano capellán y entregándole el dinero que tenía le pidió que comprara lámparas de aceite y que las encendiera en su nombre frente al Crucificado.

Salió de ahí corriendo. Tenía una misión, aún sin que él supiera muy bien cuál era.

Regresó a la tienda de su padre ausente y tomó telas y cabalgadura. Partió a Foligno, cerca de Asís, y ahí con gran habilidad vendió el caballo y la mercancía. Regresó a pie hasta la ermita, y le explicó al capellán sus grandes proyectos de restauración, y acto seguido quiso entregar el dinero. Sin embargo, éste no lo aceptó. Además de que Francisco no era conocido en Asís por su prudencia, Bernardone era un hombre colérico e impulsivo, y el anciano no quiso enfrentarse a la furia del comerciante al aceptar una suma tan elevada. Solamente le permitió a Francisco que dejara el dinero en una ventana.

Al ver Francisco que el sacerdote rehusaba tan tenazmente la bolsa de dinero, le pidió que al menos, le permitiera morar en su compañía junto a la ermita. El sacerdote accedió. Y por primera vez Francisco no volvió a su casa. Y nunca más volvió a ella.

Después de la larga ausencia, Pietro Bernardone regresó a casa y se encontró con una ingrata novedad: Francisco se había fugado.

Los sirvientes y vecinos le dieron la noticia: se había llevado las mejores telas y había vendido también el caballo. Y se decía que dormía en la ermita de San Damián.

Una turbación profunda se apoderó del mercader: furia, frustración y vergüenza. El muchacho debía terminar de una vez aquellos desvaríos.

Bernardone se lanzó a la caza de su hijo. Francisco, al escuchar tan estruendosa persecución, se escondió y no lograron encontrarle.

Presa del miedo, Francisco permaneció escondido varios días, hasta que de pronto una gran fuerza y un indescriptible valor se apoderó de él. Era el momento de salir de su escondite.

Exhausto, cansado por el ayuno y ojeroso, el cuerpo de Francisco se había debilitado. Pero su espíritu estaba más fuerte que nunca. Regresó a Asís, y la gente no le reconoció y por donde pasaba comenzaban a gritar "¡Un loco! ¡Un loco!" Se burlaron de él, le tiraron basura en la cara, pero Francisco permanecía imperturbable. Pronto llegaron hasta oídos de Bernardone los gritos y el escándalo. Cuando vio que el sujeto de las burlas de todo el pueblo era su propio hijo, se quedó paralizado sin saber si maldecir, blasfemar o llorar. Pero tan pronto se repuso, se abrió paso entre la turba sádica y se precipitó sobre el hijo.

Lo arrastró hasta su casa, y le encerró hasta que "entrara en razón".

No permaneció mucho tiempo en el encierro. Bernardone tuvo que salir en un viaje de negocios de nuevo, y Madonna Pica puso en libertad a su hijo.

Francisco regresó a la Ermita donde permaneció hasta que su padre regresó y fue por él ante la noticia de que la madre había liberado al hijo. Esta vez Francisco no se escondió. Cuando llegó Bernardone con vecinos y autoridad civil, salió pacíficamente el pobrecito de Asís al encuentro.

Cuando Bernardone comenzó a gritar y amenazar, Francisco lleno de tranquilidad le contestó:

—Messer Pietro Bernardone: no hay para mí otro señor sobre los horizontes del mundo, sino mi Señor

Jesucristo. Sólo de Él recibo órdenes. Ni el emperador, ni el Podestá, ni Pietro Bernardone, ni las fuerzas de represión, ni los ejércitos de conquista, ni las energías que militan a las órdenes de la muerte, de la enfermedad o del infierno serán capaces de arrancarme de los brazos de mi Señor Jesucristo. Lo siento señor, ahora pertenezco a las filas de Cristo y de la Iglesia.

Bernardone encolerizado y sin saber qué otra cosa hacer, le exigió el dinero de las telas. Francisco le señaló la ventana y Pietro tomó el dinero estupefacto.

Ante la impotencia, el comerciante decidió acudir al Ayuntamiento de Asís para demandar judicialmente al hijo, pues nadie podía hacerle eso a él, y sólo Dios sabía cuántos más bienes había dilapidado el muchacho.

Tras la denuncia, la guardia fue por Francisco, pero éste les dijo: "Los cónsules ya no tiene jurisdicción sobre mí; soy siervo del Altísimo Señor Jesucristo y de la Santa Madre Iglesia".

Enterado Bernardone de esto, acudió al Obispado y depositó en manos del señor Guido la querella contra su hijo. El mercader quería que se desconociera a aquel hijo ingrato. Francisco fue notificado. Debía comparecer ante la autoridad Eclesial.

Monseñor Guido le pidió dulcemente al joven que devolviera a su padre todo lo que era de él. Ante el asombro de todo el pueblo, Francisco le entregó las pocas monedas que llevaba, y entrando a una habitación cercana se quitó el vestido y doblándolo se lo entregó quedando prácticamente desnudo. Mientras entregaba el vestido exclamó ante la muchedumbre:

—Hasta hoy llamaba padre a Pietro Bernardone. De hoy en adelante llamaré así solamente al Padre nuestro que está en el cielo.

El Señor Obispo mandó que le consiguieran algún vestido. Enseguida le llevaron la humilde vestimenta de trabajo propia de un campesino. Francisco pidió greda y trazó en su nuevo vestido una gran cruz.

Se había divorciado en ese momento Francisco del mundo y del dinero. Ahora, sólo le quedaba el tesoro más grande: La libertad.

5

Llega la paz y la alegría

Era el hombre más libre del mundo. Ninguna atadura lo vinculaba a nada. Nada podía perder, porque nada tenía. El Pobre de Asís, por no tener nada, ni tenía proyecto o ideas claras sobre el futuro. Ni siquiera ideales. Aquí está la grandeza y el drama del profeta: es un hombre pobre, lanzado por una fuerza superior a un camino que nadie ha recorrido todavía.

Era la profunda corriente de la gratuidad. Lo recibe todo, no merece nada. Todo es Gracia: el vestido, la comida, la mirada. El cariño, el consuelo. El que recibe todo, no se siente con derecho a nada. Nada reclama, nada exige, al contrario, todo lo agradece. La gratitud es el primer fruto de la pobreza.

El Hermano estaba alegre como nunca, seguía caminando. De pronto, un día, pudo distinguir en el suelo un cienpiés que atravesaba despacito el sendero. Le nació al instante una profunda y desconocida ternura. Se agachó, puso delicadamente su dedo por donde tenía que pasar el miriápodo. El gusanito escaló lentamente su dedo. Francisco lo miró y admiró largamente, observando con atención sus mecanismos de movimiento. Luego, se aproximó a un arbusto y con suma delicadeza y paciencia depositó al cienpiés en la hoja del arbusto.

Por todas partes estaban brotando pequeñas flores amarillas. Tuvo sumo cuidado de no pisar ninguna de ellas a lo largo del día, en el subir y bajar de la montaña.

Un día, Francisco caminaba, cuando cayó sobre él una banda de salteadores.

—¡Alto! ¡Esto es un asalto! ¡Identifícate!

Sin perder la alegría, el Hermano respondió:

—Muchachos, soy la trompeta del Emperador que va anunciando su llegada.

Cuando lo vieron estrafalariamente vestido, medio desnudo, sin atemorizarse dijeron "¡Está loco!" Y descargaron su decepción sobre la espalda de Francisco. Le quitaron lo poco que tenía y lo arrojaron a un foso profundo diciéndole "¡Quédate ahí, afónica trompeta imperial!"

Después de mucho luchar, pudo salir de allí. El hermano en ningún instante perdió la paz, no resistió, no perdió la sonrisa. El santo pensó:

—Estos muchachos asaltan y roban porque les falta pan y cariño.

Semidesnudo y con hambre, Francisco estaba feliz por haber sido digno de sufrir por el nombre de Jesús.

A cierta distancia había un monasterio de Benedictinos, se llamaba San Verecondo. Llegó ahí, golpeó la puerta, salió un monje.

—Soy un pobre de Dios que desea servir al Señor, dijo humildemente Francisco, he quedado sin casa y sin vestido. Desearía que en nombre del Amor me dieran la gracia de trabajar y ganarme el pan de cada día, y si fuera posible, alguna ropa.

Los monjes lo recibieron de limosna y lo pusieron a trabajar de cocinero y de barrendero. Y así estuvo por varios días. No le dieron más que una manta muy delgada y muy vieja. Francisco tiritaba de frío. Le daban poca comida y corría peligro de desmayarse por el hambre. No le dieron una túnica para reponer la que le habían robado.

No movido por el disgusto, sino por la necesidad, Francisco se arrodilló frente al superior del convento y le dio gracias por las atenciones y le pidió permiso para marcharse.

Más tarde, cuando Francisco era ya un hombre famoso, el Superior del convento lo buscaría y le pediría perdón por haberlo tratado tan duramente como a un mendigo indeseable. Ante la excusa, san Francisco, respondió "Pocas veces en mi vida, he tenido días tan felices como aquellos que pasé en San Verecondo".

Regresó a Asís y visitó el Hospital de los Leprosos, y a cada uno lo saludó con cariño. Pasó varios días entre ellos. No habrá en el mundo madre que haya tratado a su pequeño enfermo con tanta delicadeza. El cariño le brotaba como rocío de las manos. Les lavaba los pies, les vendaba las heridas, les extraía las escamas. Les tocaba las heridas, y al lavarlas, lo hacía con la máxima cautela para evitar el dolor. Sabía los gustos de cada cual en cuanto a las comidas. A la hora de lavarles los pies, sabía a quien le gustaba agua más tibia o más caliente. Había aprendido la historia personal de cada enfermo. Francisco tenía la vivísima impresión de estar tocando a Jesús mismo, de estar aliviando sus penas o sanando sus ideas.

Pero el Señor mismo le había ordenado reconstruir la Ermita. Así es que se despidió de los leprosos y regresó a San Damián.

Encontró de nuevo al capellán, se arrodilló y le pidió la bendición. Le explicó cómo el señor le había ordenado reconstruir la Ermita.

6

La ermita de San Damián

Francisco regresó a Asís, vestido al estilo de los ermitaños, lleno de alegría su corazón, regresó a su ciudad. Con expresión de paz y serenidad en el rostro, recorría las plazas y los atrios de la iglesia.

Para muchos, la mayoría, era indiscutiblemente el nuevo profeta de Dios. Otros dudaban de su rectitud, y unos pocos pensaban que estaba loco. Frente a la risa burlona de estos últimos, el hermano pensaba "Es normal que no crean en mí".

Antes, mantenía el aceite de la lámpara del crucifijo con su dinero. Ahora tenía que mendigar aceite. Entró al lugar del propietario de grandes olivares donde se elaboraba aceite. Al aproximarse vio en el vestíbulo a sus antiguos amigos. En un instante, se levantaron los restos de su vanidad paralizándole las piernas. Al punto retrocedió y se fue por otra calle.

—¡Responde hijo de Bernardone! —se dijo a sí mismo—¿Cómo se le llama a un caballero que reniega de su Señor?

Y diciendo esto dio vuelta en redondo y entró a la tienda. Saludó a sus amigos con naturalidad y dijo:

—Amigos, la mayoría de la gente piensa que soy un santo. Os contaré lo que acaba de suceder: hace unos minutos venía yo derecho a esta casa para pedir aceite, cuando os vi. Me dio tanta vergüenza que, como un cobarde desertor me escabullí, y si no fuera por la infinita piedad de Dios, sería capaz de peores alevosías.

Sus amigos quedaron atónitos. Por amor del Señor pidió un poco de aceite y le dieron varios litros. Con esta preciosa carga descendió a la ermita. Estaba alegre, no por el aceite, sino por el triunfo sobre sí mismo.

Francisco también obtenía materiales de construcción: madera, piedras, todo lo que necesitaba para su ermita. Los campesinos que trabajaban en los viñedos le ofrecieron varias horas de trabajo. Todos estaban contagiados por la alegría de Francisco. La restauración avanzó rápidamente.

El capellán era terriblemente desconfiado. Aún en aquellos momentos a veces dudaba. Sin embargo, un día llamó a Francisco y le dijo:

—Hijo mío, tus manos no están hechas para manejar argamasa y cantos rodados. El oficio de albañil es muy pesado. Te veo feliz pero extenuado. No eres de roble. Temo que te domine la debilidad. Déjate querer hijo mío y permíteme que te cuide.

Desde ese día el anciano le preparaba los mejores guisos. Lo quiso más que a un hijo.

Al anochecer, Francisco se retiraba largas horas derramando su alma frente al crucifijo, iluminado por su lámpara de aceite.

Todos los días encontraba tiempo para los leprosos. Trataba de igual a igual con los mendigos y trabó amistad con ellos. Se sentaba y departían amigablemente.

Los muros de la ermita pronto quedaron restaurados.

Tras algún tiempo, Francisco le dijo al capellán:

—Te ruego, padre mío, que me disculpes por la decisión que he tomado esta noche. Quiero experimentar viva y directamente el cariño del Padre. Él mismo me alimentará personalmente todos los días. Yo mendigaré de puerta en puerta como un hijo de Dios, sin salir nunca de las graciosas manos de la gratuidad. Señor, excúsame por no poder asistir en adelante a tu mesa.

Y así, Francisco al filo del medio día recorría calles y con ojos llenos de serenidad pedía limosna. Con una escudilla en la mano, golpeaba las puertas diciendo:

—Por amor del Amor, denme algo de comer.

En pocos minutos aquella escudilla rebozaba de residuos de comida. Con la escudilla, transpuso las murallas y se sentó. En cuanto agitó un poco aquella mezcla con la intención de comerla, se le revolvió el estómago y sintió ganas de vomitar.

—¡Otra vez el burgués! —dijo en voz alta.

Se levantó para reponerse y superar aquella emergencia.

—Siempre sucede lo mismo —reflexionó—cuando no pienso en Jesús y me descuido, surge el hombre viejo con sus instintos e impulsos y soy capaz de cometer felonías y hasta de escupir a los pobres. El hombre es arcilla pura, pero no hay que asustarse por eso.

Terminó la restauración de San Damián, y hacía tiempo que quería restaurar una capillita benedictina del monte Subasio.

En la ermita, se decía en Asís, que en vísperas de ciertas solemnidades descendían de noche coros de ángeles. Por esto se le denominó Ermita de Santa María de los Ángeles. Se llamaba también "porciuncula" que quiere decir "pequeña porción de tierra".

Francisco obtuvo el permiso y comenzó la reconstrucción según el método de San Damián.

Era un lugar tan bello que Francisco decía: "No me extraña que los ángeles celebren sus fiestas en este paraíso".

El hermano pasó más tiempo restaurando esta ermita. No tenía prisa. Se sentía completamente feliz.

Tras largas jornadas de trabajo, Francisco se disponía a su encuentro nocturno con el Señor. Muchas veces, contemplaba las estrellas y decía:

—Los que viven en las habitaciones confortables, no pueden entender el lenguaje de las estrellas y el éxtasis del asombro. Sólo los pobres son capaces de descubrir las riquezas de la creación. ¡Loado seas mi Señor por la libertadora y Santa Señora Pobreza!

Llegó el punto en el que no necesitaba marchar a la ciudad para mendigar el alimento. El Señor mismo le preparaba la comida en el bosque. Según las estaciones se alimentaba de fresas silvestres, moras de zarzales, raíces de algunas plantas.

A cada cosa que comía decía en voz alta "Gracias mi Señor".

Satisfecho, volvía a la Ermita.

Cada salida al bosque, sobre todo en los días de sol era una asombrada explosión. Descubría mil mundos. Le parecía que el hombre no era el rey de la creación sino el hermano más pequeñito, porque era el único que podía admirar, y al admirar, el hombre se torna más hermano, más humano. Pensaba "También esto es adorar".

Un día se arrodilló frente a un hormiguero y estudió muy de cerca aquella maravilla. Quedó asombrado de tanta actividad y de que las hormigas cargaran cinco o seis veces su peso de manera tan ordenada. Lleno de admiración exclamaba suavemente "¡Señor, Señor!"

Conocía y distinguía por su nombre y perfume y sus características a todas las plantas, árboles y arbustos. Ante cualquier de ellos se detenía admirado, se inclinaba y le olía, y por cada uno daba gracias al Señor. "Es que ellos no saben hablar", pensaba.

Eran estos los años más felices de Francisco, donde no había preocupación, y de haber sido por él ahí se habría quedado por el resto de sus días. Pero era claro que los planes de Dios eran otros...

A estas alturas, el hermano pensaba hacer vida de ermitaño, instalándose en la ermita restaurada de Santa María de los Ángeles.

El hermano de Asís nunca fue una mente ordenadora, nunca hizo análisis ni síntesis o reflexiones teológicos. Era el polo opuesto al hombre teórico e intelectual: vivía su fe momento a momento sin importarle el futuro. Fue el hombre de la improvisación, o en el mejor sentido de la palabra, de la imprevisión.

Durante esta época sorprende saber la soledad completa en que Francisco hizo este recorrido espiritual. El Señor mismo fue personalmente su compañero y guía. No consultó a nadie. No buscó conductor de su espíritu. No entró en ningún esquema: ni monje ni sacerdote.

El camino recorrido había durado tres años, y había resultado hermoso y liberador. Había sido, también, sumamente doloroso, mucho más de lo que parecía.

Un día, el hermano llegó hasta el monasterio benedictino del Subasio. Dijo a los monjes que la ermita estaba ya restaurada y que sería conveniente hacer una celebración eucarística. Convinieron que al día siguiente iría un sacerdote.

A la mañana siguiente, comenzó la misa y el hermano ayudaba con gran piedad. Cada oración, cada lectura las acogía cuidadosamente.

Llegó el momento del Evangelio y todos se pusieron de pie:

—Id y predicad por todo el mundo, no llevéis dinero alguno en los bolsillos, tampoco llevéis bolsa con provisiones, os basta una sola camisa. No necesitáis zapatos ni bastón. Vivid del trabajo de vuestras manos. Al llegar a un poblado preguntad por una familia honorable y alojaos ahí. Siempre que entréis en una casa decid "Paz en esta casa".

Sed ingenuos como palomas y perspicaces como serpientes. Si en alguna partes sois rechazados id a otra parte sin protestar. Hay muchos lobos por ahí entre ellos, vosotros no sois sino corderitos.

Posiblemente os arrastrarán a los tribunales civiles. El Padre colocará en vuestra boca precisos argumentos de defensa. No tengáis miedo, yo estaré entre vosotros hasta el fin del mundo

Un relámpago ante sus ojos no hubiera producido tanto efecto como estas palabras. Tuvo la sensación de que se le paralizaba la sangre. Parecía como si las palabras muertas oídas tantas veces de improviso recuperaran vida y resucitaran muertos. Parecía que durante tres años llevaba ante sus ojos una cortina oscura. De repente el Evangelio descorrió la cortina y aparecía frente a sus ojos un horizonte interminable, lleno de claridad.

Terminada la misa, se sentía en éxtasis. Tomó el bordón del caminante y lo arrojó lejos. Se quitó los zapatos, se soltó la hebilla del cinturón. Se quitó la túnica de ermitaño. Tomó un rudo saco, lo cortó y lo confeccionó en forma de cruz con capuchón, a semejanza de la vestimenta de los pastores del Subasio. Se ciñó una vulgar cuerda, y santiguándose salió al mundo.

Al caminar hacia la ciudad tenía una viva impresión de haber sido armado caballero de Cristo. Radiante siguió por el camino, y al primer campesino que encontró le dijo "El Señor te de Su paz". En adelante, así saludaría a toda persona.

Se fue a la plaza del municipio en Asís. Comenzó a improvisar. Muy pronto se juntaron los curiosos. Se encaramó a una piedra y subió de tono. Sus palabras eran simples, no grande oratoria, sino palabras breves. Diariamente regresaba a la ciudad. Ahí donde había un grupo se hacía presente el embajador de la paz. Este mensajero no atacaba a nadie: ni al *podestá*, ni al clero ni a los magistrados. No se presentaba con aires de reformador.

7

El primer hermano

Bernardo era un hombre importante. Un hombre rico, un gentilhombre que un día comenzó a pensar:

—Francisco ha acertado: lo tenía todo y lo dejó todo. Se le ve más feliz que a todos nosotros.

Un día, Bernardo convidó al Hermano a cenar y lo invitó a quedarse en su habitación. Francisco fingió dormir, y Bernardo extrañamente hizo lo mismo. Sigilosamente, Francisco se levantó y se arrodilló frente a un crucifijo y en voz muy baja dijo "¡Señor, Señor!" Toda la noche, Francisco repitió esas dos palabras con todos los tonos imaginables: de alegría, de arrepentimiento, de tristeza, de dicha. A Bernardo se le hacía un nudo en la garganta. Así estuvo Francisco hasta el amanecer. Fue una noche memorable.

A la mañana siguiente, Bernardo dijo a Francisco:

—Hermano Francisco, el Señor me dio riquezas y he visto que las riquezas me separan de mi Señor, y yo quiero que Él sea mi riqueza. ¿Cómo hacerlo?

—Iremos a la Iglesia y el Señor mismo nos manifestará su voluntad.

Salieron de casa y pasaron por la casa Episcopal para recoger a Pedro Catani, canónigo de San Rufino y que también quería hacer lo que Francisco. Fueron a la iglesia de San Nicolás y escucharon misa. Una vez terminada, se acercaron al altar. Francisco tomó el misal y lo abrió al azar. Su mirada se fijó en las primeras palabras: "Si quieres ser perfecto, vende cuanto tienes y dáselo a los pobres, después ven y sígueme". Abrió por segunda vez el misal y leyó: "No lleves nada para el camino, ni bolsa, ni dinero ni bastón ni doble ropa". Abriendo el libro por tercera vez se encontró con estas palabras: "Si alguien quiere seguirme, niéguese a sí mismo, cargue con su cruz y sígame".

—Amigos, el Señor ha hablado. Sobran comentarios. Mas aún, un comentario sería una audacia, quizá una profanación. El señor mismo lo ha decidido: el Evangelio será nuestra única inspiración y legislación, no sólo para nosotros, sino también para quienes quieran incorporársenos. ¡En marcha hermanos! Que el evangelio recupere bajo vuestros pies toda su frescura y novedad. ¡Gloria al Gran Dios y altísimo Señor Jesucristo!

Los tres regresaron a casa de Bernardo. Entregaron todas las pertenencias del gentilhombre a los pobres. Sin techo, sin una moneda en el bolsillo, sin familia, los tres peregrinos partieron a la Porciúncula.

Al día siguiente levantaron tres pequeñas chozas y una cabañita. Los dos nuevos amigos se vistieron igual que Francisco.

Esto levantó en Asís gran revuelo: la partida del clérigo más docto del lugar y del gentilhombre más rico de la región dejaron vivamente impresionado a un joven campesino llamado Egidio, quien se dirigió a la Porciúncula.

Ahí se encontró a Francisco y le dijo:

—Hermano Francisco, gran amigo de Dios, también yo quiero ser amigo del Señor. Tómame de la mano y llévame hasta el corazón de Dios.

Francisco emocionado le dijo cariñosamente:

—Hermano mío, queridísimo. ¿Sabes lo que ha sucedido esta mañana en la ciudad? Ha llegado el emperador y entre todos los ciudadanos ha escogido a un caballero para camarero secreto de la casa imperial. El tal caballero eres tú. Que la mano del Señor te cubra y cada mañana te envíe el ángel de la Paz. ¿Cómo te llamas?

—Egidio, hermano.

—¡Cómo me gustaría tener un bosque de Egidios!

Con alegría desbordante, Francisco le dijo a los hermanos que había un nuevo miembro en la familia. Hicieron gran alboroto y hubo mucha felicidad.

—Desde hoy Egidio, no tienes padres ni hermanos. Seremos para ti madre, padre y hermano —concluyó emocionado el festejo el pobre de Asís.

Los cuatro hermanos comenzaron a vivir. No se preocuparon de hacer un horario, menos todavía un estatuto. A pesar de la categoría intelectual de Pedro y organizativa de Bernardo, fue el hermano el que imprimió su sello a aquel grupo y la vida fue brotando espontáneamente.

Los hermanos trabajaban como campesinos e iban a la leprosería a atender a los enfermos. Cada día Francisco les decía las actitudes de Jesús, y lo hacía con tanto amor que la distribución del trabajo no parecía una orden. Les daba un cálido abrazo, y con una bendición efusiva se marchaban. Y los hermanos se sentían capaces de ir hasta el fin del mundo y al marchar se sentían ansiosos por volver a la ermita, allí estaban esperándolos con los brazos abiertos y la sonrisa en los labios Francisco y Egidio. Se reunían en la cabaña y cada uno contaba las andanzas del día. El hermano los alentaba y bendecía. Les recordaba las actitudes de Jesús. Así Francisco fue infundiendo un alma a aquel grupito.

Un día Francisco les dijo:

—Vámonos bajo los estandartes del Señor de dos en dos a donde nos lleve el espíritu. En el nombre del evangelio repartid al mundo estas cuatro monedas: el amor, la paz, la alegría y la libertad. Bernardo y Pedro irán al norte. Ellos son fuertes. Yo iré en compañía de la plantita más tierna. Mañana, al amanecer comenzaremos nuestro camino y nuestro cariño mutuo se robustecerá con la ausencia.

Al otro día se despidió de ellos. Nunca pensó que aquello le iba a resultar tan duro. No sabía que los amaba tanto.

Francisco y Egidio caminaron por los valles y a todos con quienes se cruzaban les decían "El señor les de Su paz". Mucho se burlaban de ellos, ante tal saludo les insultaban. Egidio se aproximó a Francisco y le dijo:

—Hermano, no entienden este saludo. Creen que estoy burlándome de ellos. ¿Por qué no me permites saludar como todo el mundo?

Y Francisco le contestó:

—No tengas miedo, corderito, hasta el fin del mundo se va a hacer famosa esta salutación. Tranquilo hijo mío, llegará el día en que hasta los príncipes más encumbrados de la tierra doblarán sus rodillas ante ti por esta salutación.

Egidio no parecía ya con tanto júbilo, pero el hermano le hablaba durante leguas y leguas de Jesús. Todos los días, antes de dormir, Francisco se sumía en profunda adoración. Egidio se dormía y el hermano pensaba y suplicaba al señor que diera a él y a sus seguidores el supremo Don de la humildad.

Los siguientes días estuvieron llenos de peripecias. Caminaban de aldea en aldea y en las plazas siempre comenzaba Francisco a hablar con una o dos personas. Poco a poco se acercaban más y más curiosos. Muchos les tildaron de locos, otros de peligrosos, los más sensatos decían: "No hay que juzgar precipitadamente, estos no hablan contra la iglesia ni contra la nobleza ni contra nada, solo hablan de Dios y la paz."

Cuando iban de regreso a Asís, en algunos lugares que ya habían recorrido no pudieron entrar. Les echaban encima perros bravos y los apedreaban. Pasaron hambre de día y frío en la noche.

Francisco vivía en la contradicción: por un lado la alegría de la experiencia de Jesús, por el otro la preocupación de su querido neófito. En su preocupación le dijo a Egidio una vez:

—Hijo mío, Egidio, voy a abrirte el corazón: cuando pienso en la humildad de mi señor redentor que cuando era calumniado callaba, o cuando era golpeado no amenazaba, cuando era insultado no protestaba. Cuando pienso en la paciencia infinita de mi señor Jesucristo siento ganas de llorar, y unas ganas locas de que me echen encima barro, piedras, polvo, perros y blasfemias. Sería el hombre más feliz del mundo. Y cuando pienso que todo esto lo hizo por nuestro amor Jesús, siento volverme loco y me nacen alas para gritar "¡El amor no es Amado! ¡El amor no es amado!".

Egidio entonces se conmovía y dormía feliz y amanecía animoso. En dos semanas, Egidio había crecido mucho en madurez.

Francisco y Egidio regresaron a la Porciúncula, allá los esperaban Bernardo y Pedro: era el primer reencuentro.

Es difícil narrar cómo se abrazaban, lloraban y se arrodillaban frente a Santa María orando y dando gracias. Todo fue una gran fiesta. Celebraron las peripecias, glorificaron al Señor. Fue un momento de gran amor entre los hermanos.

A los pocos días se les sumaron otros tres ciudadanos de Asís quienes se despojaron de sus bienes y se incorporaron a la fraternidad de la Porciúncula. La familia aumentaba. No por eso se inquietaba el hermano, al contrario. Francisco ni llamaba ni escogía a nadie, simplemente recibía hermanos de las manos del Señor.

8

Su nueva vida

En 1209 escribió una breve Regla para los hermanos. Se componía casi exclusivamente de textos de los Evangelios. En Pentecostés y en la dedicación de San Miguel se reunían todos los hermanos en Santa María y trataban de cómo observar con mayor perfección la Regla, y destinaban hermanos a diversas provincias para que predicaran al pueblo.

Francisco exhortaba con solicitud a los hermanos a que guardaran fielmente el santo Evangelio y la Regla que habían prometido. Y, sobre todo a que tuvieran gran reverencia y devoción a los divinos oficios, oyendo devotamente la misa y adorando con mucha devoción el cuerpo del Señor.

Amonestaba también a los hermanos que no juzgaran a nadie, ni despreciaran a los que viven con regalo y se visten con lujo y vanidad, porque Dios es Señor nuestro y de ellos, y los puede llamar hacia sí y justificarlos.

Todo su afán era que así él como los hermanos estuvieran tan enriquecidos de buenas obras, que el Señor fuera alabado por ellas. Y les decía:

"Que la paz que anunciáis de palabra, la tengáis, y en mayor medida, en vuestros corazones. Que ninguno se vea provocado por vosotros a ira o escándalo, sino que por vuestra mansedumbre todos sean inducidos a la paz, a la benignidad y a la concordia. Pues para esto hemos sido llamados: para curar a los heridos, para vendar a los quebrados y para corregir a los equivocados. Pues muchos que parecen ser miembros del diablo, llegarán todavía a ser discípulos de Cristo".

Por otra parte, Francisco censuraba a los hermanos que se trataban con demasiada austeridad y se recargaban con vigilias, ayunos y mortificaciones corporales. Ninguno de los hermanos se atrevía a tratar negocios seculares, sino que todos conversaban acerca de las vidas de los santos y de cómo podrían hallar mejor y más perfectamente la gracia del Señor Jesucristo. Si alguno de los hermanos que llegaban tenían alguna tentación o tribulación, al oír hablar a Francisco con tanta dulzura y fervor y al ver su penitencia, se veían libres de las tentaciones y consolados maravillosamente en las tribulaciones. Compadecido de ellos les hablaba no como juez, sino como padre misericordioso con sus hijos, como buen médico con los enfermos, enfermando con los enfermos y afligido con los atribulados.

Después les daba la bendición a los hermanos y destinaba a cada uno a su provincia. A los que tenían espíritu de Dios y la conveniente elocuencia, fueran clérigos o laicos, les daba licencia para predicar. Una vez recibida su bendición, marchaban con gran alegría por el mundo como peregrinos y forasteros, sin llevar otra cosa para el camino que los libros para rezar las horas.

Según la oportunidad de cada momento, el Señor les daba la palabra y espíritu para expresar pensamientos que penetraban los corazones de jóvenes y ancianos; de tal forma calaban en ellos, que abandonaban padre y madre y cuanto tenían para seguir a los hermanos y tomar el hábito de su religión. Y éstos eran llevados ante Francisco para que de él recibieran humilde y devotamente el hábito.

Y no eran sólo los hombres los que se convertían a la Orden sino también muchas mujeres que, movidas por la predicación de los hermanos, por consejo suyo se recluían a hacer penitencia en monasterios.

Igualmente, hombres y mujeres casados, a quienes el matrimonio les impedía separarse, se dedicaban a una vida de austera penitencia en sus mismas casas. El amor tiende y lleva a la intimidad, y la intimidad con Dios se crea en la oración. De ahí que Francisco fuera un hombre de profunda oración.

La dulzura de que el Señor le llenó desde los primeros instantes de su conversión, apenas si la perderá nunca. Por lo que su espíritu de oración venía a ser espoleado con gracias continuas de contemplación, que le habían de conducir al grado sumo de la unión con Dios.

La oración era para Francisco como un descanso, una cita con el Amado, de quien solamente le separaba el muro de la carne. Era además, su apoyo. En ella descargaba en el Señor todos sus afanes. Su vida entera era una oración continua, como quien está a la escucha del Señor y en espera de sus toques amorosos.

El hombre que era la misma oración, no podía por menos de formar hombres de oración. Además, Francisco recomendaba la oración como asunto fundamental a cuyo servicio deben estar las demás cosas temporales. Y decía que por encima de todo debemos anhelar el espíritu del Señor y orar continuamente con un corazón puro.

La vida de renuncia y mortificación se nutre permanentemente, y es al mismo tiempo su efecto y su fruto, de la oración incesante de abandono, en la que el hombre se confía todo él en manos de Dios.

Francisco interpretaba la oración como conversación, en las formas más variadas, de todas las fibras del corazón en holocausto. Se abandonaba a Dios en ella sin reserva alguna; y de tal manera se ponía a disposición de Dios que era todo él no ya sólo orante, sino oración.

De tantas gracias le colmaba la oración que le obligaban a desasirse por entero de sí mismo; y, rebosando de un gozo inmenso, aspiraba por todos los medios a llegar con todo su ser allí donde, fuera de sí, en parte ya estaba. Poseído del espíritu de Dios, estaba pronto a sufrir todos los padecimientos del alma, a tolerar todos los tormentos del cuerpo, si al fin se le concedía lo que deseaba: que se cumpliese misericordiosamente en él la voluntad del Padre celestial.

Ese holocausto de la oración sólo es posible a quienes hicieron la completa donación de sus personas a Dios.

El maestro de la oración que era Francisco enseñaba a sus hermanos no sólo a reprimir los vicios y pecados, sino también a mortificar los sentidos exteriores por los cuales se introduce la muerte en el alma.

Sabía perfectamente que para el hombre espiritual no existe enemigo mayor que el propio yo, sobre todo cuando uno pretende penetrar en Dios por medio de la oración de abandono. Pero tampoco ignoraba que, gracias a esa oración de abandono, Dios mismo venía a morar en él, llenándole de su presencia.

Esta ciencia sobrenatural puede explicar que en la oración de Francisco ocupara un puesto tan central: la cruz y la pasión del Señor.

No fue por casualidad que Francisco enseñara desde el principio a orar así: "Te adoramos, Señor Jesucristo, también en todas tus iglesias que hay en el mundo entero y te bendecimos, porque por tu santa cruz redimiste al mundo".

Este amor reconocido a Cristo, expresado en esa oración, supone para sí y los suyos el compromiso más sagrado de seguir al Señor por el camino de su pasión y de ofrecerse desnudo en los brazos del Crucificado.

9

Predica en Asís

Es la primavera de 1209: en la ciudad extenuada por la guerra, la palabra de Francisco es como un fuego devorador, penetrante hasta lo más hondo del alma. Predica en las iglesias y su "¡Dios os dé la paz!", resuena en las bóvedas y se extiende como un soplo de vida en las almas inquietas.

También predica en la catedral de San Rufino. El contenido de sus predicaciones es bien sencillo; se atiene a las verdades elementales contenidas en el Evangelio. Expone la Palabra de Dios con la fogosidad de un inspirado y su palabra arrebatadora, y al mismo tiempo llana y clara, se apodera de las almas de los oyentes.

Habla de la pobreza que consiste en no poseer nada para reconquistar todo en Dios; y la suya no es mera teoría, porque todo el auditorio sabe que Francisco es el hijo del más rico mercader de Asís, y que se ha despojado de todo por seguir el Evangelio.

Y Clara lo oye por Asís, y se pregunta si Dios no querrá también de ella una donación total como la de Francisco, el abandono de todas las cosas sin reservas. Ella conoce bien cómo viven Francisco y aquel puñado de hombres, doce en total, que se habían reunido en torno a él; van de casa en casa, mendigando un mendrugo de pan, después de haber trabajado todo el día, sin pretender otra recompensa. Para ellos, su recompensa es la gloria de Dios.

Justamente su oración es la alabanza de Dios, la única forma de oración que no vuelve sobre sí misma, sino que se eleva al infinito, y que se siente satisfecha con sólo que la dejen expresarse.

La alabanza a Dios es la única oración que, disponiendo de mil voces que la expresan, porque toda la creación participa en ella, carece a la par de voz, porque su forma más elevada es la adhesión silenciosa a la voluntad de Dios.

Y Clara siente compasión por aquel puñado de hombres que nada piden si no es por caridad; por lo tanto Bona de Guelfuccio tiene nuevas misiones caritativas que ejercitar por cuenta de ella, como es la de bajar desde Asís a la pequeña iglesia de la Porciúncula, donde trabajan los hermanos, y llevarles dinero, para que puedan, siquiera alguna vez, alimentarse de algo más agradable y sustancioso que el acostumbrado mendrugo de pan.

10

La perfecta alegría

Iba una vez Francisco con el hermano León de Perugia a Santa María de los Ángeles en invierno. Sintiéndose atormentado por la intensidad de frío, llamó al hermano León, que caminaba un poco delante, y le habló así:

—¡Oh hermano León!, aun cuando los hermanos menores dieran en todo al mundo grande ejemplo de santidad y de buena edificación, escribe y toma nota diligentemente que no está en eso la alegría perfecta.

Siguiendo más adelante, le llamó Francisco por segunda vez:

—¡Oh hermano León!, aunque el hermano menor devuelva la vista a los ciegos, enderece a los tullidos, expulse a los demonios, haga oír a los sordos, andar a los cojos, hablar a los mudos y, lo que es aún más, resucite a un muerto de cuatro días, escribe que no está en eso la alegría perfecta.

Caminando luego un poco más. Francisco gritó con fuerza:

—¡Oh hermano León!, aunque el hermano menor llegara a saber todas las lenguas, y todas las ciencias, y todas las Escrituras, hasta poder profetizar y revelar no sólo las cosas futuras, sino aun los secretos de las conciencias y de las almas, escribe que no es esa la alegría perfecta.

Yendo un poco más adelante, Francisco volvió a llamarle fuerte:

—¡Oh hermano León, ovejuela de Dios!, aunque el hermano menor hablara la lengua de los ángeles, y conociera el curso de las estrellas y las virtudes de las hierbas, y le fueran descubiertos todos los tesoros de la tierra, y conociera todas las propiedades de las aves y de los peces y de todos los animales, y de los hombres, y de los árboles, y de las piedras, y de las raíces, y de las aguas, escribe que no está en eso la alegría perfecta.

Y después de caminar otro poco, Francisco volvió a llamarle:

—¡Oh hermano León!, aunque el hermano menor supiera predicar tan bien que llegase a convertir a todos los infieles a la fe de Jesucristo, escribe que esa no es la alegría perfecta.

Así fue continuando por espacio de dos millas. Por fin, el hermano León, lleno de asombro le preguntó:

—Padre, te pido, de parte de Dios, que me digas en que está la alegría perfecta.

—Y Francisco le respondió:

—Si, cuando lleguemos a Santa María de los Ángeles, mojados como estamos por la lluvia y pasmados de frío, cubiertos de lodo y desfallecidos de hambre, llamamos a la puerta del lugar y llega malhumorado el portero y grita:

—¿Quiénes sois vosotros?

Y nosotros le decimos:

—Somos dos de vuestros hermanos.

Y nos dice:

—¡Mentira! Sois dos bribones que van engañando al mundo y robando las limosnas de los pobres. ¡Fuera de aquí!

Y no nos abre y nos tiene allí fuera aguantando la nieve y la lluvia, el frío y el hambre hasta la noche. Si sabemos soportar con paciencia, sin alterarnos y sin murmurar contra él, todas esas injurias, esa crueldad y ése rechazo, y si, más bien, pensamos, con humildad y caridad, que el portero nos conoce bien y que es Dios quien le hace hablar así contra nosotros, escribe ¡oh hermano León!, que aquí hay alegría perfecta.

Y si nosotros seguimos llamando, y él sale fuera furioso y nos echa, entre insultos y golpes, como a indeseables diciendo:

—Fuera de aquí ladronzuelos miserables; id al hospital, porque aquí no hay comida ni hospedaje para vosotros!

Si lo sobrellevamos con paciencia y alegría y en buena caridad, ¡oh hermano León!, escribe que aquí hay alegría perfecta. Y si nosotros obligados por el hambre y por el frío de la noche, volvemos todavía a llamar, gritando y suplicando entre llantos por el amor de Dios, que nos abra y nos permita entrar, y él más enfurecido dice:

—¡Vaya con estos pesados indeseables! Yo les voy a dar su merecido.

Y sale fuera con un palo nudoso y nos coge por la capucha, y nos tira a tierra, y nos arrastra por la nieve, y nos apalea con todos los nudos de aquel palo; si todo esto lo soportamos con paciencia y con gozo, acordándonos de los padecimientos de Cristo, que nosotros hemos de sobrellevar por su amor, ¡oh hermano León!, escribe que aquí hay alegría perfecta.

Y ahora escucha la conclusión, hermano León: por encima de todas las gracias y de todos los dones del Espíritu Santo que Cristo concede a sus amigos, está el de vencerse a sí mismo y de sobrellevar gustosamente, por amor de Cristo Jesús, penas, injurias, oprobios e incomodidades.

Porque en todos los demás dones de Dios no podemos gloriarnos, ya que no son nuestros, sino de Dios; por eso dice el apóstol:

"¿Que tienes que no hayas recibido de Dios? Y si lo has recibido de Él, por que te glorías como si lo tuvieras de ti mismo".

Pero en la cruz de la tribulación y de la aflicción podemos gloriarnos, ya que esto es nuestro; por lo cual dice el apóstol:

"No me quiero gloriar sino en la cruz de Cristo".

11

Ante el Papa

Viendo Francisco que el Señor aumentaba el número de los hermanos y los hacía crecer en méritos y que eran ya doce varones con un mismo sentir, dijo a los otros once:

—Veo, hermanos, que quiere el Señor aumentar misericordiosamente nuestra congregación. Vayamos, pues, a nuestra santa madre la Iglesia de Roma y manifestemos al sumo pontífice lo que el Señor empieza a hacer por nosotros, para que de voluntad y mandato suyo prosigamos lo comenzado.

Agradó a los otros hermanos lo que proponía Francisco. Cuando todos juntos se encaminaron a la curia, les dijo:

—Señalemos uno de nosotros que sea nuestro guía y tengámoslo como vicario de Jesucristo, para que vayamos a donde él quiera y nos hospedemos cuando él disponga.

Eligieron al hermano Bernardo, el primero después de Francisco, y se atuvieron a lo que se habían propuesto.

Caminaban alegres, hablaban palabras de Dios, sin que osaran decir nada que no se refiriera a la alabanza y gloria de Dios y a la utilidad del alma, y frecuentemente se dedicaban a la oración. El Señor les preparaba siempre lugar donde hospedarse y hacía que les sirvieran lo necesario.

Al llegar a Roma se encontraron allí con el obispo de la ciudad de Asís. Este los recibió con mucha alegría, pues veneraba con particular afecto a Francisco y a todos los hermanos. Pero como no sabía la causa de su venida, se turbó un poco, temiendo que pensaran abandonar la propia tierra, donde el Señor empezaba a obrar cosas maravillosas por ellos, y porque él sentía gozo sincero de tener en su diócesis varones tan excelentes, de cuya vida y costumbres tanto se prometía.

Enterado del motivo y de lo que se proponían conseguir, su gozo fue mayor y les prometió consejo y ayuda para su empeño.

Este obispo era conocido de un cardenal, obispo de Santa Sabina, que se llamaba Juan de San Pablo, varón lleno de gracia de Dios y muy amante de los siervos de Dios.

El mencionado obispo había hablado al cardenal de la vida de Francisco y de sus hermanos, y estas noticias habían hecho nacer en el cardenal el deseo de ver al varón de Dios y a sus hermanos. Así que, cuando se enteró de que estaban en Roma, mandó llamarlos y los recibió con gran veneración y amor.

Durante los pocos días que estuvieron con el cardenal quedó tan edificado de sus palabras y ejemplos, que, viendo que sus obras eran fieles trasunto de lo que le habían contado, se encomendó a sus oraciones humilde y devotamente, y les pidió por gracia especial que lo contaran desde entonces como uno de los hermanos. Luego preguntó a Francisco por el motivo de su venida y, cuando hubo escuchado de sus labios lo que intentaba y deseaba, se ofreció a hacer de procurador suyo en la curia.

Fue, pues, a la curia el dicho cardenal y expuso al Papa Inocencio III: "He encontrado un varón perfectísimo que quiere vivir según la forma del santo Evangelio y guardar en todo la perfección evangélica, y creo que el Señor quiere reformar por su medio la fe de la Santa Iglesia en todo el mundo". Oyendo esto el Papa, quedó muy admirado y mandó al cardenal que trajera a Francisco a su presencia.

Al día siguiente fue presentado Francisco por el señor cardenal al sumo pontífice, y éste le expuso todos sus santos propósitos.

El sumo pontífice, dotado de singular discreción, accedió en la forma debida a los deseos de Francisco, y exhortando a éste y a sus hermanos acerca de muchas cosas, les dio la bendición y les dijo:

—Id con Dios, hermanos, y predicad a todos la penitencia, como Él se dignare inspiraros. Y cuando Dios os aumente en número y gracia, comunicádnoslo, y os concederemos más cosas y con mayor seguridad os encomendaremos otras más importantes.

Quería el señor Papa saber si todo lo concedido y lo que pensaba conceder era conforme a la voluntad de Dios, y antes que Francisco se retirase, les dijo a él y a sus compañeros:

—Queridos hijos nuestros, vuestro tenor de vida nos parece sobradamente riguroso y austero; y, aunque os vemos tan animosos que de vosotros no cabe la menor duda, sin embargo, debemos pensar en aquellos que os han de seguir, y puede ser que esta vida les parezca demasiado austera.

Mas como viera la constancia de su fe y el ancla de su esperanza firmemente sujeta en Cristo, de modo que por nada querían apartarse de su generoso fervor, dijo a Francisco:

—Hijo, ve y pide a Dios que se digne revelarte si esto que buscáis procede de su voluntad, para que, siendo sabedor del divino beneplácito, accedamos a vuestros deseos.

Francisco se puso en oración, como le había indicado el Papa, y el Señor le habló en espíritu por medio de esta parábola:

Vivía en el desierto una mujer pobrecilla y hermosa; prendado un rey poderoso de su hermosura, quiso tomarla como esposa, porque creía que de ella podría tener hijos hermosos. Consumado el matrimonio, nacieron muchos hijos. Ya adultos, les habló su madre, diciéndoles:

—Hijos míos, no os avergoncéis, pues sois hijos del rey. Id, pues, a su corte, y él os dará todo lo que necesitéis.

Cuando se presentaron ante el rey, éste quedó cautivado de su hermosura, y reconociendo en ellos su verdadero retrato, les preguntó:

—¿De quien sois hijos?

Y como le contestasen que eran hijos de una mujer pobrecita que vivía en el desierto, el rey los abrazó con íntima complacencia y les dijo: Nada temáis, porque sois hijos míos. Así, pues, si los extraños se alimentan de mi mesa, con mayor razón vosotros, que sois mis hijos legítimos.

Y mandó el rey a aquella mujer que le enviara a palacio a todos los hijos procreados con él, para que allí se criaran.

Francisco comprendió que, por cuanto se le había mostrado en visión mientras oraba, él estaba representado por aquella pobrecita mujer.

Cuando acabó la oración, se presentó de nuevo al sumo pontífice y le relató ordenadamente la alegoría que el Señor le había mostrado, y le dijo:

—Yo soy, señor, esta mujer pobrecita a quien el Señor, por su misericordia, ha honrado de esta manera y de la que ha querido procrear para él hijos legítimos. Y me dijo el Rey de los reyes que criaría a todos los hijos que por mi medio procreara, porque, si alimenta a los extraños, con mayor razón ha de alimentar a los legítimos. Si Dios concede a los pecadores bienes temporales por amor a los hijos que han de criar, mucho más los otorgará a los hombres evangélicos, a quienes por mérito se les deben tantos bienes.

Oyendo esto el Papa, quedó profundamente maravillado, y principalmente porque antes de la venida de Francisco había tenido también él una visión en la que veía que la Iglesia de San Juan de Letrán se desplomaba y que un hombre religioso, desmedrado y despreciable, la sostenía con sus propias espaldas. Se despertó atónito y atemorizado. Pero hombre discreto y sabio como era, consideraba qué significaría la visión. Como a los pocos días se presentase ante él Francisco y le expusiese su plan de vida, como queda dicho, y le suplicase que le confirmara la Regla que había escrito con palabras sencillas, entreveradas con sentencias del Evangelio, a cuya perfección aspiraba con todas sus fuerzas, viéndolo el Papa tan fervoroso en el servicio de Dios y comentando su propia visión y la alegoría mostrada al varón de Dios, comenzó a decirse para sus adentros: Verdaderamente éste es aquel varón religioso y santo por el que la Iglesia de Dios se levantará y se sostendrá.

Luego lo abrazó y le aprobó la Regla que había escrito. Le dio también licencia, lo mismo que a sus hermanos, para predicar la penitencia en todo el mundo, pero con la condición de que los que habían de predicar obtuvieran primero autorización de Francisco. Todo esto lo aprobó después en consistorio. Obtenida esta concesión, Francisco dio gracias a Dios y, puesto de rodillas, prometió humilde y devotamente al Papa obediencia y reverencia. Los otros hermanos prometieron obediencia y reverencia a Francisco, como lo había mandado el Papa.

Recibieron la bendición del sumo pontífice, visitaron los sepulcros de los apóstoles, y por diligencias de dicho cardenal, les fue conferida la tonsura a Francisco y a los otros once hermanos, para que todos ellos, los doce, fueran clérigos. Extrañado de la facilidad con que había logrado lo que deseaba, el varón de Dios dejó la urbe y con los dichos hermanos marchó por el orbe.

12

Francisco recibe a Clara

Clara nace en 1193 en la casa que su familia poseía desde antiguo en la plaza de San Rufino. Nace en el seno de una de las familias llamadas Mayores. Su padre Favarone, noble y rico, ha escogido para sí una esposa llamada Ortolana, que a la nobleza y a la riqueza añade dotes morales de caridad y de piedad.

Cierto día Clara, acompañada de su confidente Bona de Guelfuccio, a escondidas de sus familiares se dirige a Francisco para mantener con él un coloquio.

Francisco conocía la virtud de Clara, como la conocía también todo Asís. Más aún, dice el antiguo biógrafo de la Santa, conociendo Francisco la bondad destacada de Clara, no desea otra cosa que arrancarla del mundo y ofrecerla totalmente a Dios.

Clara le habla; Bona a su lado, no es más que una sombra; Francisco, que en la conversación es acompañado por el hermano Felipe Longo, escucha.

La jovencita le confía el llamamiento de Dios y le pide ayuda para llevarlo a cabo según el plan divino.

Entonces Francisco le exhorta al desprecio del mundo, demostrándole con vivas expresiones la vanidad de la esperanza y el engaño de los atractivos del siglo; destila en su oído la dulzura de su desposorio con Cristo, persuadiéndola a reservar la joya de la pureza virginal para aquel bienaventurado esposo a quien el amor le hizo hombre.

Habló de Dios Francisco con elocuencia y convencimiento que a ella de pronto se le abren los ojos a los goces del cielo, en cuya comparación el mundo entero se le vuelve despreciable y arde en deseos de desposarse con Dios.

Al primer coloquio con el hombre de Dios sucedieron otros. Clara confía su alma a Francisco para que le guíe según el plan divino, y le obedece en todo.

Allá abajo, en el valle, entre la espesura del bosque, en la pequeña iglesia de Santa María de la Porciúncula, los hermanos velan en oración, esperando la llegada de Clara.

Cuando oyen acercarse a la joven y a la que la acompaña, salen fuera de la iglesia y la reciben con antorchas encendidas. Clara entra en la iglesia y, postrada de hinojos ante el altar de la Virgen María, se consagra a Dios en manos de Francisco. Como signo de consagración, el santo le corta su abundante y larga cabellera.

Con esto Clara pretende despojarse de toda exterioridad y dedicarse a sí misma enteramente al Señor.

Este gesto, que ahora la separa del mundo dándole una posesión más plena y verdadera de Él, la hace "hermana, esposa y Madre del Hijo del Altísimo Padre y de la Virgen gloriosa".

Fue un instante: el tiempo de decir un "sí" de rodillas ante nuestra señora de los Ángeles, un "sí" que, no obstante, vale toda una vida.

Después Francisco conduce enseguida a Clara a un monasterio de Benedictinas, el de San Pablo de las Abadesas, situado en las proximidades de la actual Bastia, no lejos de Asís.

Con esto, Clara ciertamente no tiene intención de abrazar la regla benedictina. De otro modo, no tendría sentido su huida nocturna hacia la Porciúncula y su abandono en fe desnuda al Padre celestial, por medio de Francisco, sin querer acogerse a estructura humana alguna.

Clara en ese momento no hace voto de profesar una regla bien definida, sino se entrega a Dios toda entera. Mira a la cruz y camina en su seguimiento sin volverse atrás. Pronunciando su "sí" no siente necesidad de regla alguna: todo le hubiera parecido limitación ante la totalidad de su don.

13

La mesa del Señor

El admirable siervo y seguidor de Cristo messer Francisco de Asís, para conformarse en todo perfectamente a Cristo, quien, como dice el Evangelio, envió a sus discípulos de dos en dos a todas las ciudades y lugares a donde él debía ir, una vez que, a ejemplo de Cristo, hubo reunido doce compañeros, los mandó de dos en dos por el mundo a predicar.

Y para darles ejemplo de verdadera obediencia, se puso el primero en camino, a ejemplo de Cristo, que comenzó a obrar antes que a enseñar. Habiendo asignado a los compañeros las otras partes del mundo, él tomó al hermano Maseo por compañero y se dirigió a tierras de Francia.

Al llegar un día muy hambrientos a una aldea, fueron, según la Regla, a pedir de limosna el pan por amor de Dios. Francisco fue por un barrio y el hermano Maseo por otro. Pero como Francisco era de aspecto despreciable y pequeño de estatura, por lo que daba la impresión, a quien no le conocía, de ser un pordiosero vil, no recogió sino algunos mendrugos y desperdicios de pan seco. Al hermano Maseo, en cambio, por ser tipo gallardo y de buena presencia, le dieron buenos y grandes trozos, y aun panes enteros. Terminaron el recorrido, se juntaron los dos en las afueras del pueblo para comer en un lugar donde había una hermosa fuente, y cerca de la fuente, una hermosa piedra, ancha, sobre la cual cada uno colocó la limosna que había recibido.

Y viendo Francisco que los trozos de pan del hermano Maseo eran más numerosos y más hermosos y grandes que los suyos, no cabía en sí de alegría, y exclamó:

—¡Oh hermano Maseo, no somos dignos de un tesoro como éste!

Y como repitiese varias veces estas palabras, le dijo el hermano Maseo:

—Padre carísimo, ¿cómo se puede hablar de tesoro donde hay tanta pobreza y donde falta lo necesario? Aquí no hay ni mantel, ni cuchillo, ni tenedores, ni platos, ni casa, ni mesa, ni criado, ni criada.

—Esto es precisamente lo que yo considero gran tesoro —repuso Francisco—: el que no haya aquí cosa alguna preparada por industria humana, sino que todo lo que hay nos lo ha preparado la santa providencia de Dios, como lo demuestran claramente el pan obtenido de limosna, la mesa tan hermosa de piedra y una fuente tan clara. Por eso quiero que pidamos a Dios que nos haga amar de todo corazón el tesoro de la santa pobreza, tan noble, que tiene por servidor al mismo Dios.

Dichas estas palabras y habiendo hecho oración y tomado la comida corporal con aquellos trozos de pan y aquella agua, reanudaron el camino para Francia.

14

Sueño profético

Un día de sábado se fue el santo varón a Asís para predicar —según su costumbre— el domingo por la mañana en la iglesia catedral. Pernoctaba como otras veces —entregado a la oración—, en un tugurio sito en el huerto de los canónigos.

De pronto, a eso de medianoche sucedió que, estando corporalmente ausente, penetró por la puerta de la casa un carro de fuego de admirable resplandor que dio tres vueltas a lo largo de la estancia; sobre el mismo carro se alzaba un globo luminoso, que ostentando el aspecto del sol, iluminaba la oscuridad de la noche.

Quedaron atónitos los que estaban en vela, se despertaron llenos de terror los dormidos; y todos ellos percibieron la claridad, que no sólo alumbraba el cuerpo, sino también el corazón, pues en virtud de aquella luz maravillosa, a cada cual se le hacía trasparente la conciencia de los demás.

Comprendieron todos a una —leyéndose mutuamente los corazones— que había sido el mismo Francisco —ausente en el cuerpo, pero presente en el espíritu y transfigurado en aquella imagen— el que les había sido mostrado por el Señor en el luminoso carro de fuego, irradiando fulgores celestiales e inflamado por virtud divina en un fuego ardiente, para que, como verdaderos israelitas, caminasen tras las huellas de aquel que, cual otro Elías, había sido constituido por Dios en carro y cochero de varones espirituales.

Se puede creer en el Señor, por las plegarias de Francisco, que abrió los ojos de estos hombres sencillos, para que pudieran contemplar las maravillas de Dios, del mismo modo que en otro tiempo abrió los ojos del criado Eliseo para que viese el monte lleno de caballos y carros de fuego que estaban alrededor del profeta.

Vuelto Francisco a sus hermanos, comenzó a escudriñar los secretos de sus conciencias, procuró confortarlos con aquella visión maravillosa y les anunció muchas cosas sobre el porvenir y progresos de la Orden.

Y al descubrirles estos secretos que trascendían todo humano conocimiento, reconocieron los hermanos que realmente descansaba el Espíritu del Señor en su siervo Francisco con tal plenitud, que podían sentirse del todo seguros siguiendo su doctrina y ejemplos de vida.

15

Clara y Francisco

Estando Francisco en Asís, visitaba con frecuencia a Clara y le daba santas instrucciones. Ella tenía grandísimo deseo de comer una vez con él; se lo había pedido muchas veces, pero él no quiso concederle ese consuelo. Viendo, pues, sus compañeros el deseo de Clara, dijeron a Francisco:

—Padre, nos parece que no es conforme a la caridad de Dios esa actitud de no dar gusto a la hermana Clara, una virgen tan santa y amada del Señor, en una cosa tan pequeña como es comer contigo; y más teniendo en cuenta que por tu predicación abandonó ella las riquezas y las pompas del mundo. Aunque te pidiera otro favor mayor que éste, deberías condescender con ella.

—Entonces, ¿os parece que la debo complacer? —respondió Francisco.

—Si, —le dijeron los compañeros—; se merece recibir de ti ese consuelo.

Dijo entonces Francisco:

—Puesto que así os parece a vosotros, también me lo parece a mí. Mas, para que le sirva a ella de mayor consuelo, quiero que tengamos esta comida en Santa María de los Ángeles, ya que lleva mucho tiempo encerrada en San Damián, y tendrá gusto en volver a ver este lugar de Santa María, donde le fue cortado el cabello y donde fue hecha esposa de Jesucristo. Aquí comeremos juntos en el nombre de Dios.

El día convenido salió Clara del monasterio con una compañera y, escoltada de los compañeros de Francisco, se encaminó a Santa María de los Ángeles. Saludó devotamente a la Virgen María en aquel mismo altar ante el cual le había sido cortado el cabello y había recibido el velo, y luego la llevaron a ver el convento hasta que llegó la hora de comer.

Entre tanto, Francisco hizo preparar la mesa sobre el suelo, como tenía costumbre. Y, llegada la hora de comer, se sentaron a la mesa juntos Francisco y Clara, y uno de los compañeros de Francisco al lado de la compañera de Clara; y después se acercaron humildemente a la mesa todos los demás compañeros.

Como primera vianda, Francisco comenzó a hablar de Dios con tal suavidad, con tal elevación y tan maravillosamente, que, viniendo sobre ellos la abundancia de la divina gracia, todos quedaron arrebatados en Dios. Y, estando así arrobados, elevados los ojos y las manos al cielo, las gentes de Asís y de Bettona y las de todo el contorno vieron que Santa María de los Ángeles y todo el convento y el bosque que había entonces al lado del convento ardían violentamente, como si fueran pasto de las llamas la iglesia, el convento y el bosque al mismo tiempo; por lo que los habitantes de Asís bajaron a todo correr para apagar el fuego, persuadidos de que todo estaba ardiendo.

Al llegar y ver que no había tal fuego, entraron al interior y encontraron a Francisco con Clara y con todos los compañeros arrebatados en Dios por la fuerza de la contemplación, sentados en torno a aquella humilde mesa. Con lo cual se convencieron de que se trataba de un fuego divino y no material, encendido milagrosamente por Dios para manifestar y significar el fuego del amor divino en que se abrasaban las almas de aquellos santos hermanos y de aquellas santas monjas. Y se volvieron con el corazón lleno de consuelo y altamente santificados.

Al volver en sí, después de un largo rato, Francisco y Clara, junto con los demás, bien reconfortados con el alimento espiritual, no se cuidaron mucho del manjar corporal. Y, terminado aquel bendito banquete se volvieron acompañadas a San Damián.

Las hermanas, al verla, se alegraron mucho, porque temían que Francisco la hubiera enviado a gobernar otro monasterio, como ya había enviado a su hermana sor Inés a gobernar como abadesa el monasterio de Monticelli, de Florencia. (Inés había seguido a su hermana a los pocos días de la profesión de ella, fugándose de casa. Murió en San Damián el 16 de noviembre de 1253, a los tres meses de la muerte de su hermana Clara).

16

Acaricia a un corderillo

El espíritu de caridad de Francisco se derramaba en piadoso afecto, no sólo sobre hombres que sufrían necesidad, sino también sobre los mudos y brutos animales. Pero sobre todos los animales, amaba con particular afecto y predilección a los corderillos, ya que, por su humildad, nuestro Señor Jesucristo es comparado frecuentemente en las Escrituras con el cordero.

De camino por la Marca de Ancona, después de haber predicado en la ciudad de este nombre, marchaba a Osimo junto con su amigo Pablo, a quien había nombrado ministro de todos los hermanos en esa provincia. En el campo dio con un pastor que cuidaba un rebaño de cabras y entre todas había una ovejita que caminaba mansamente y pacía tranquila. Al verla, Francisco paró en seco y, herido en lo más vivo de su corazón, dando un profundo suspiro, dijo a Pablo:

—¿No ves esa oveja que camina tan mansa entre cabras? Así, créemelo, caminaba manso y humilde, nuestro Señor Jesucristo entre los fariseos y príncipes de los sacerdotes. Por esto, te suplico, hijo mío, por amor de Cristo, que unido a mí, te compadezcas de esa ovejita y que, pagando por ella lo que valga, la saquemos de entre las cabras.

Maravillado de su dolor, comenzó también el hermano Pablo a compartirlo. Preocupado de cómo podrían pagar su precio y no disponiendo sino de las viles túnicas que vestían, se presentó al punto un mercader que estaba de camino y les ofreció el dinero que buscaban.

Dando gracias a Dios y llevándose consigo la oveja, llegaron a Osimo y se presentaron ante el obispo de la ciudad. Este los acogió con mucha veneración, y quedó sorprendido tanto por la oveja que les acompañaba como del afecto que Francisco sentía hacia ella.

Luego de que Francisco le hubo contado una larga parábola sobre la oveja, el obispo todo compungido, dio gracias al Señor por la simplicidad de Francisco.

Al día siguiente salió de la ciudad y, pensando qué hacer con la oveja, por consejo de su compañero la dejó en el monasterio de clarisas en Colpersito, para que la cuidaran. También ellas recibieron gozosas la ovejuela, como un gran regalo que Dios les hacía. La cuidaron por mucho tiempo con todo mimo, y de su lana tejieron una túnica y se la enviaron a Francisco a Santa María de la Porciúncula.

En otra ocasión, pasando de nuevo por la Marca con el mismo hermano, se encontró en el camino con un hombre que iba al mercado, llevando atados y colgados al hombro dos corderillos para venderlos. Al oírlos balar a Francisco se le conmovieron sus entrañas y acercándose, los acarició como madre que muestra sus sentimientos de compasión con su hijo que llora. Y le preguntó al hombre aquel:

—¿Por que haces sufrir a mis hermanos llevándoles así colgados y atados? Le respondió:

—Porque los llevo al mercado para venderlos, pues ando mal de dinero. A esto le dijo Francisco:

—¿Que será luego de ellos?

—Pues los compradores, —replicó— los matarán y se los comerán.

—No lo quiera Dios —reaccionó Francisco—. No se haga tal; toma este manto que llevo a cambio de los corderos.

Al punto le dio el hombre los corderos y muy contento recibió el manto, ya que éste valía mucho más. Francisco lo había recibido prestado aquel mismo día, de manos de un amigo suyo, para defenderse del frío.

Una vez con los corderillos, se puso a pensar que haría con ellos, y aconsejado por su compañero resolvió dárselos al mismo hombre para que los cuidara, con la orden de que jamás los vendiera ni les causara daño alguno, sino que los conservara, los alimentara y los pastoreara con todo cuidado.

17

Funda la tercera orden

Cierto día iba caminando con los hermanos Maseo y Ángel. Llegaron a una aldea llamada Cannara; y Francisco se puso a predicar, mandando antes a las golondrinas que, cesando en sus chirridos, guardasen silencio hasta que él hubiera terminado de hablar. Las golondrinas obedecieron. Y predicó con tanto fervor, que todos los del pueblo, hombres y mujeres, querían irse tras él movidos de devoción, abandonando el pueblo. Pero Francisco no lo consintió, sino que les dijo:

—No tengáis prisa, no os vayáis de aquí; ya os indicaré lo que debéis hacer para la salvación de vuestras almas.

Entonces le vino la idea de fundar la Orden Tercera para la salvación universal de todos. Y dejándolos así muy consolados y bien dispuestos para la vida de penitencia, marchó de allí y prosiguió el camino.

La Orden Tercera de Penitencia surgió por efecto de la renovación suscitada en los seglares por la predicación de Francisco, a imitación de otros movimientos penitenciales existentes en aquellos años. Suele considerarse como fecha de fundación el año 1221, en que el Cardenal Hugolino le dio una organización juntamente con la institución canónica. Así es cómo el Peverello, comprometiendo en el mismo ideal evangélico, primero, a los Hermanos Menores (1209); luego, a las Damas Pobres (1212); y finalmente, a los Hermanos de Penitencia (1221), se vio fundador de tres Ordenes.

Francisco, es desde todo su ser, para todos y para siempre, total y agotadoramente hermano. Por eso, no supo ni quiso vivir sólo para sí, sino para aquellos por quienes Cristo murió. Desde aquí se explica y brota esta carta en sus dos redacciones y las demás de Francisco: desde la fraternidad universal que el Evangelio le había revelado, y a la que constantemente le convocaba para encarnar precisamente el Evangelio.

La Porciúncula se convirtió en lugar de reuniones anuales de los hermanos, llamadas Capítulos Generales. Tenían lugar ordinariamente durante la fiesta de Pentecostés, entre mayo y junio.

El siervo de Cristo Francisco reunió una vez un capítulo general en Santa María de los Ángeles, al que asistieron cinco mil hermanos. En él estuvo presente Domingo de Guzmán, cabeza y fundador de la Orden de los Hermanos Predicadores.

Se halló también presente a este capítulo un cardenal devotísimo de Francisco, al cual él le había profetizado que sería Papa, y así fue. Este cardenal había llegado expresamente de Perusa, donde se hallaba la corte pontificia, a Asís; y todos los días iba a ver a Francisco y a sus hermanos; a veces cantaba la misa, otras veces predicaba a los hermanos en el capítulo.

Este cardenal experimentaba gran gozo y devoción en sus visitas a dicho capítulo, viendo en la explanada, en torno a Santa María de los Ángeles, sentados a los hermanos por grupo; todos a una ocupados en razonar de Dios; unos llorando de consuelo, otros en oración, otros en ejercicios de caridad; y en un ambiente tal de silencio y de modestia, que no se oía el menor ruido.

Lleno de admiración al ver una multitud tan bien ordenada, decía entre lágrimas de gran devoción:

—¡Verdaderamente éste es el campamento y el ejército de los caballeros de Dios!

En toda aquella muchedumbre, a ninguno se le oía hablar de cosas vanas o frívolas, sino que, dondequiera se hallaba reunido un grupo de hermanos, se les veía o bien orando, o bien recitando el oficio, o llorando los propios pecados, o platicando sobre la salud del alma.

Había por toda la explanada cobertizos hechos con cañizos y esteras, agrupados según las provincias a que pertenecían los hermanos; por eso este capítulo fue llamado de las "esteras". De cama les servía la desnuda tierra; algunos se acostaban sobre paja; por almohada tenían una piedra o un madero.

Todo esto hacía que todos los que los veían o escuchaban les mostraran gran devoción; y era tanta la fama de su santidad, que de la corte del Papa, que estaba a la sazón en Perusa, y de otros lugares del valle de Espoleto, iban a verlos muchos condes, barones y caballeros, y mucha gente del pueblo, ganosos de ver una asamblea tan santa, tan grande, tan humilde, como nunca la había conocido el mundo.

Pero sobre todo iban para ver al que era cabeza y padre de toda aquella santa gente, aquel que había arrebatado al mundo semejante presa y había reunido una grey tan bella y devota tras las huellas del verdadero pastor Jesucristo.

Estando pues, reunido todo el capítulo general, Francisco a impulsos del ardor del espíritu, expuso la palabra de Dios y les predicó en alta voz lo que el Espíritu Santo le hacía decir. Y dijo:

—Hijos míos, grandes cosas hemos prometido, pero mucho mayores son las que Dios nos ha prometido a nosotros; mantengamos lo que nosotros hemos prometido y esperemos con certeza lo que nos ha sido prometido. Breve es el deleite del mundo, pero la pena que le sigue después es perpetua. Pequeño es el padecer de esta vida, pero la gloria de la otra vida es infinita.

Y glosando devotamente estas palabras, alentaba y animaba a los hermanos a la obediencia y reverencia de la santa madre Iglesia, a la caridad fraterna, a orar por todo el pueblo de Dios, a tener paciencia en las contrariedades y templanza en la prosperidad, a mantener la pureza y castidad, a permanecer en paz y concordia con Dios, y con los hombres, y con la propia conciencia; a amar y a observar la santa pobreza. Y al llegar aquí dijo:

—Os mando, por el mérito de la santa obediencia, a todos vosotros aquí reunidos que ninguno de vosotros se preocupe ni ande afanoso sobre lo que ha de comer o beber, ni de cosa alguna necesaria al cuerpo, sino atended solamente a orar y alabar a Dios; y dejadle a Él el cuidado de vuestro cuerpo, ya que Él cuida de vosotros de manera especial.

Todos ellos recibieron este mandato con alegría de corazón y rostro feliz. Y, cuando Francisco terminó su plática, todos se pusieron en oración.

18

Ante el cardenal

Francisco y Domingo coincidieron en Roma con el señor ostiense —que más tarde fue sumo pontífice—. Y según que alternaban los tres en hablar cosas acerca del Señor, les dijo, finalmente, el obispo: "En la Iglesia primitiva, los pastores de la Iglesia eran pobres, hombres que ardían en caridad y no en codicia. ¿Por qué no escoger para obispos y prelados aquellos de entre vuestros hermanos que destacan sobre los demás por la doctrina y por el ejemplo?"

Surge luego entre los dos santos porfía sobre la respuesta, no por quitársela de la boca el uno al otro, sino por cedérsela mutuamente, o mejor, por incitarse ambos a ser el otro el primero en responder. En efecto, por el aprecio mutuo que se profesaban, el uno para el otro resultaba ser el primero. La humildad venció por fin a Francisco, para no adelantarse; venció también a Domingo, para obedecer al ser el primero en responder.

Tomando, pues, la palabra el bienaventurado Domingo, dijo al obispo: "Señor, mis hermanos están ya bastante encumbrados, y, en cuanto depende de mí, no permitiré que obtengan otro género de dignidad".

Después de estas breves palabras, Francisco se inclina ante el obispo y dice: "Mis hermanos se llaman menores precisamente para que no aspiren a hacerse mayores. La vocación les enseña a estar en el llano y a seguir las huellas de la humildad de Cristo para tener al fin lugar más elevado que otros en el premio de los santos. Si queréis que den fruto en la Iglesia de Dios, tenedlos y conservadlos en el estado de su vocación y traed al llano aun a los que no lo quieren. Pido, pues, Padre, que no les permitas de ningún modo ascender a prelacías, para que no sean más soberbios cuanto más pobres son y se insolenten contra los demás".

Terminadas las respuestas de los dos santos, el señor obispo, muy edificado de ellas, dio gracias sin fin a Dios. Y, a la despedida, el bienaventurado Domingo pidió a Francisco que tuviera a bien darle la cuerda con que se ceñía. Francisco no accedía, rehusando, con una humildad comparable con la caridad que mostraba Domingo, en la petición. Pero venció al fin, afortunada, la devoción del que había pedido, y se ciñó devotamente la cuerda bajo la túnica inferior.

Por último, ambos santos se despiden dándose las manos y haciéndose durísimas recomendaciones. Y dice el Santo al Santo: "Hermano Francisco, quisiera que tu Religión y mi Religión se hicieran una sola y viviéramos en la Iglesia con la misma forma de vida". Después, ya que se separaron, dijo Domingo a los circundantes, que eran muchos: "En verdad os digo que los demás religiosos deberían seguir a este santo varón que es Francisco. ¡Tan alta es la perfección de su santidad!".

19

Capítulo de las esteras

Estaba Francisco en el capítulo general en Santa María de la Porciúncula llamado de las esteras, porque los hermanos se guarecían en tiendas protegidas de esteras. En él se reunieron cinco mil hermanos.

Muchos de los sabios y letrados fueron a hablar con el cardenal de Ostia, que se encontraba allí, y le dijeron:

"Señor, querríamos que persuadierais al hermano Francisco a que siguiera el parecer de los hermanos sabios y se dejara guiar de su consejo".

Y aludían a la regla de San Benito, de San Agustín y de San Bernardo, que enseñan a vivir ordenadamente de esta y de aquella forma.

Cuando el cardenal refirió a Francisco todo esto en forma de advertencia, éste no dijo nada, y tomando de la mano al señor Cardenal, lo llevó a donde estaban los hermanos reunidos en capítulo, y con gran fervor y movido por el Espíritu Santo, les habló así:

—Hermanos míos: Dios me ha llamado por el camino de la sencillez y de la humildad y me ha manifestado que este es el verdadero camino para mí y para cuantos quieren creer en mi palabra e imitarme. Por eso, no quiero que me citéis regla alguna, ni de San Benito, ni de San Agustín, ni de San Bernardo, ni otro camino o forma de vida fuera de aquella que el Señor misericordiosamente me mostró y me dio. Y me dijo el Señor que quería que fuera yo un nuevo loco en este mundo; y no quiso conducirnos por otro camino que el de esta ciencia.

El cardenal quedó estupefacto y no respondió nada, al igual que todos los hermanos.

Sucedió en el capítulo llamado de las esteras, célebre en la historia de la Orden, suele colocarse en el año 1219.

Estaba presente Domingo de Guzmán, y halló muy extraño el mandato de Francisco para que ninguno de sus hermanos se preocupara o estuviera afanoso sobre lo que había de comer o beber, ni de cosa alguna necesaria al cuerpo, ya que el Señor es quien cuida de todos.

Domingo no comprendía que tal muchedumbre pudiese ir adelante sin tener cuidado alguno de las cosas corporales. Pero Cristo, para demostrar que él tiene cuidado de sus ovejas, movió al punto a los habitantes de Perugia, de Espoleto, de Foligno, de Asís y de toda la comarca a llevar de beber y de comer a aquella gran asamblea de unas cinco mil personas.

Viéndose de pronto venir de aquellas poblaciones gente con jumentos, caballos y carros cargados de pan y de vino, de habas y de otros alimentos, a la medida de la necesidad de los pobres de Cristo. Además de esto, traían servilletas, jarras, vasos y demás utensilios necesarios para tal muchedumbre.

Y se consideraba feliz el que podía llevar más cosas o servirles con mayor diligencia, hasta el punto que aun los caballeros y otros gentiles hombres, que habían venido por curiosidad, se ponían a servirles con gran humildad y devoción.

Al ver todo esto Domingo y al comprobar en qué manera era verdad que la Providencia divina se ocupaba de ellos, confesó con humildad haber censurado falsamente de indiscreto el mandato de Francisco, se arrodilló ante él diciendo humildemente su culpa y añadió:

—No hay duda de que Dios tiene cuidado especial de estos santos pobrecillos, y yo no lo sabía. De ahora en adelante, prometo observar la santa pobreza evangélica.

Quedó muy edificado Domingo de la fe de Francisco, no menos que de la obediencia, de la pobreza y del buen orden que reinaba en una concentración tan grande, así como de la Providencia divina y de la copiosa abundancia de todo bien.

20

Predica a los pajarillos

Caminaba Francisco cierto día con los hermanos Maseo y Ángel, cuando, levantando la vista, vio junto al camino algunos árboles, y en ellos, una muchedumbre casi infinita de pájaros. Francisco quedó maravillado y dijo a sus compañeros:

—Esperadme aquí en el camino, que yo voy a predicar a mis hermanos los pájaros.

Se internó en el campo y comenzó a predicar a los pájaros que estaban en el suelo. Al punto, todos los que había en los árboles acudieron junto a él; y todos juntos se estuvieron quietos hasta que Francisco terminó de predicar; y ni siquiera entonces se marcharon hasta que él les dio la bendición.

Según refirió más tarde el hermano Maseo al hermano Santiago de Massa, aunque Francisco andaba entre ellos y los tocaba con el hábito, ninguno se movía.

Mientras Francisco les hablaba todos aquellos pájaros comenzaron a abrir sus picos, a estirar sus cuellos y a extender sus alas, inclinando respetuosamente sus cabezas hasta el suelo, y a manifestar con sus actitudes y con sus cantos el gran contento que les proporcionaban las palabras del santo. Francisco se regocijaba y recreaba juntamente con ellos, sin dejar de maravillarse de ver semejante muchedumbre de pájaros en tan hermosa variedad, y la atención y familiaridad que mostraban. Por ello alababa en ellos devotamente al Creador. La plática de Francisco fue de esta forma:

—Hermanas mías avecillas, os debéis sentir muy deudoras a Dios, vuestro creador, y debéis alabarlo siempre y en todas partes, porque os ha dado la libertad para volar donde queréis; os ha dado además, vestido doble y aun triple; y conservó vuestra raza en el Arca de Noé, para que vuestra especie no desapareciese en el mundo. Le estáis también obligadas por el elemento del aire, pues lo ha destinado a vosotras.

Aparte de esto, vosotras no sembráis ni segáis, y Dios os alimenta y os regala los ríos y las fuentes, para beber; los montes y los valles, para guareceros, y los árboles altos, para hacer en ellos vuestros nidos. Y como no sabéis hilar ni coser, Dios os viste a vosotras y a vuestros hijos. Ya veis cómo os ama el Creador, que os hace objeto de tantos beneficios. Por lo tanto, hermanas mías, guardaos del pecado de la ingratitud, cuidando siempre de alabar a Dios.

Finalmente, terminada la plática, Francisco trazó sobre ellos la señal de la cruz y les dio licencia para irse. Entonces, todos los pájaros se elevaron en banda en el aire entre cantos armoniosos; luego se dividieron en cuatro grupos, siguiendo la cruz que Francisco había trazado.

21

Navegando a Oriente

Inflamado en divino amor, Francisco pensaba siempre en acometer empresas mayores. Mantenía vivo el deseo de alcanzar la cima de la perfección, caminando con un corazón anchuroso por la vía de los mandamientos de Dios.

El año sexto de su conversión (1212), ardiendo en vehementes deseos de sagrado martirio, quiso pasar a Siria para predicar la fe cristiana y la penitencia a los sarracenos. Para conseguirlo se embarcó en una nave; pero, a causa de los vientos contrarios, se encontró, con los demás navegantes, en las costas de Dalmacia (la actual Eslovenia). Habiendo partido de Ancona, Francisco no había cubierto más de 150 kilómetros.

Viéndose defraudado en tan vivo deseo, poco después rogó a unos marineros que se dirigían a Ancona lo admitiesen en su compañía, pues aquel año apenas había nave que zarpara para Siria. Mas como ellos se negasen rotundamente a tal petición dada la insuficiencia de víveres, el santo de Dios, confiando plenamente en la bondad del Señor, se metió a escondidas en la nave con su compañero.

Se presentó entonces, por divina providencia, uno que, sin que nadie lo supiera, traía alimentos; llamó a un marinero temeroso de Dios y le dijo:

—Toma todo esto y, cuando surja la necesidad, entrégalo fielmente a los pobres que están ocultos en la nave.

Sucedió, pues, que se levantó de improviso una furiosa tempestad, y habiéndose prolongado los días de la navegación, los marineros consumieron los víveres, y no quedaron más alimentos que los que tenía el pobre Francisco. Estos, por gracia y virtud divina, se multiplicaron de tal forma, que, aunque se dilató la travesía, cubrieron con abundancia las necesidades de todos hasta que llegaron al puerto de Ancona.

Viéndose los marineros a salvo de los peligros del mar gracias al siervo de Dios Francisco, lo agradecieron al omnipotente Dios, que siempre se muestra admirable y amable con sus siervos.

Francisco, impulsado por el celo de la fe en Cristo y por el deseo de martirio, pasó una vez al otro lado del mar con doce compañeros suyos con intención de ir derechamente al sultán de Babilonia (era el nombre que se daba en Europa por aquel tiempo a la capital de Egipto, El Cairo).

El sultán cuya conversión intentó Francisco era Melek—El Kamel. Francisco y los suyos embarcaron en Ancona en 1219.

Llegaron a un país de sarracenos, donde los pasos fronterizos estaban guardados por hombres tan crueles, que ningún cristiano que se aventurase a atravesarlos podría salir con vida; pero quiso Dios que no murieran, sino que fueran presos, apaleados y atados, y luego conducidos a la presencia del sultán.

Delante de él, Francisco, bajo la guía del Espíritu Santo, predicó tan divinamente la fe de Jesucristo, que para demostrarla se ofreció a entrar en el fuego.

El sultán le cobró gran devoción debido a esa su constancia en la fe y al desprecio del mundo que observaba en él, pues, siendo pobre, no quería aceptar regalo ninguno, como también por el anhelo del martirio que mostraba. Desde entonces, el sultán le escuchaba con agrado, le rogó que volviese a verle con frecuencia y le concedió a él y a sus compañeros que pudiesen predicar libremente donde quisieran.

Obtenido este salvoconducto, envió Francisco de dos en dos a sus compañeros a diversas regiones de los sarracenos a predicar la fe de Cristo; y él, con uno de ellos, se encaminó a la región que había elegido.

El valor verdadero de la visita de Francisco a los sarracenos está en haber sido el primer intento de cruzada de paz y de amistad en un momento de la historia en que se hallaban encarnizadamente encontrados el mundo cristiano y el mundo islámico. Francisco, hombre de Evangelio, quería demostrar que los recursos de la minoridad y del amor, y no las armas, eran los que debían emplearse con los musulmanes.

Finalmente, viendo Francisco que no era posible lograr mayor fruto en aquellas tierras, determinó, por divina inspiración, volver con todos sus compañeros a tierra de cristianos; los reunió a todos y fue a despedirse del sultán.

Entonces le dijo el sultán:

—Hermano Francisco, yo me convertiría de buena gana a la fe de Cristo, pero temo hacerlo ahora, porque, si éstos llegaran a saberlo, me matarían a mí y te matarían a ti con todos tus compañeros. Tú puedes hacer todavía mucho bien y yo tengo que resolver asuntos de gran importancia; no quiero, pues, ser causa ni de tu muerte ni de la mía. Pero enséñame cómo puedo salvarme; yo estoy dispuesto a hacer lo que tú me digas.

Le dijo entonces Francisco:

—Señor, yo tengo que dejarte ahora; pero, una vez que esté de vuelta en mi país y haya ido al cielo, con el favor de Dios, después de mi muerte, si fuere voluntad de Dios, te mandaré a dos de mis hermanos, de mano de los cuales tú recibirás el bautismo de Cristo y te salvarás, como me lo ha revelado mi Señor Jesucristo. Tú, entre tanto, vete liberándote de todo impedimento, para que, cuando llegue a ti la gracia de Dios, te encuentre dispuesto a la fe y a la devoción.

El sultán prometió hacerlo así y lo cumplió.

Después de esto, emprendió el viaje de vuelta con sus compañeros. A los pocos años, Francisco entregó su alma a Dios por muerte corporal. El sultán, que había caído enfermo, esperaba el cumplimiento de la promesa de Francisco, e hizo colocar guardias en ciertos puntos con el encargo de que, si aparecían dos hermanos con el hábito de Francisco, fuesen al punto conducidos a su presencia.

Por el mismo tiempo se apareció Francisco a dos hermanos y les ordenó que, sin perder tiempo, marchasen al sultán y procurasen su salvación, como él se lo había prometido. Aquellos hermanos pasaron enseguida el mar y fueron conducidos por los guardias a la presencia del sultán. Al verlos éste, se llenó de alegría y les dijo:

—Ahora sé verdaderamente que Dios me ha enviado a sus siervos para mi salvación, conforme a la promesa que me hizo Francisco por revelación divina.

Recibió, pues, de aquellos hermanos la enseñanza de la fe de Cristo y el santo bautismo; y, regenerado así en Cristo, murió de aquella enfermedad y su alma fue salva por las oraciones y los méritos de Francisco (Melek—El Kamel murió en 1238).

22

El lobo de Gubbio

En el tiempo en que Francisco moraba en la ciudad de Gubbio, apareció en la comarca un grandísimo lobo, terrible y feroz, que no sólo devoraba los animales, sino también a los hombres; hasta el punto de que tenía aterrorizados a todos los habitantes, porque muchas veces se acercaba a la ciudad.

Todos iban armados cuando salían de la ciudad, como si fueran a la guerra; y aun así, quien topaba con él estando solo no podía defenderse. Era tal el terror, que nadie se aventuraba a salir de la ciudad.

Francisco movido a compasión de la gente del pueblo, quiso salir a enfrentarse con el lobo, desatendiendo los consejos de los habitantes, que querían a todo trance disuadirle. Y haciendo la señal de la cruz salió fuera del pueblo con sus compañeros, puesta en Dios toda su confianza.

Como los compañeros vacilaran en seguir adelante, Francisco se encaminó resueltamente hacia el lugar donde estaba el lobo. Cuando he aquí que, a la vista de muchos de los habitantes, que habían seguido en gran número para ver este milagro, el lobo avanzó al encuentro de Francisco con la boca abierta; acercándose a él, Francisco le hizo la señal de la cruz, lo llamó a sí y le dijo:

—¡Ven aquí, hermano lobo! Yo te mando, de parte de Cristo, que no hagas daño ni a mí ni a nadie.

¡Cosa admirable! Apenas trazó la cruz Francisco, el terrible lobo cerró la boca, dejó de correr y, obedeciendo la orden, se acercó mansamente, como un cordero, y se echó a los pies de Francisco.

Entonces, Francisco le habló en estos términos:

—Hermano lobo, tú estás haciendo daño en esta comarca, has causado grandísimos males, maltratando y matando las criaturas de Dios sin su permiso; y no te has contentado con matar y devorar las bestias, sino que has tenido el atrevimiento de dar muerte y causar daño a los hombres, hechos a imagen de Dios. Por todo ello has merecido la horca como ladrón y homicida malvado. Toda la gente grita y murmura contra ti y toda la ciudad es enemiga tuya. Pero yo quiero, hermano lobo, hacer las paces entre tú y ellos, de manera que tú no les ofendas en adelante, y ellos te perdonen toda ofensa pasada, y dejen de perseguirte hombres y perros.

Ante estas palabras, el lobo, con el movimiento del cuerpo, de la cola y de las orejas y bajando la cabeza, manifestaba aceptar y querer cumplir lo que decía Francisco.

Le dijo entonces Francisco:

—Hermano lobo, puesto que estás de acuerdo en sellar y mantener esta paz, yo te prometo hacer que la gente de la ciudad te proporcione continuamente lo que necesitas mientras vivas, de modo que no pases ya hambre; porque sé muy bien que por hambre has hecho el mal que has hecho. Pero, una vez que yo te haya conseguido este favor, quiero hermano lobo, que tú me prometas que no harás daño ya a ningún hombre del mundo y a ningún animal. ¿Me lo prometes?

El lobo, inclinando la cabeza, dio a entender claramente que lo prometía. Francisco le dijo:

—Hermano lobo, quiero que me des fe de esta promesa, para que yo pueda fiarme de ti plenamente.

Le tendió Francisco la mano para recibir la fe, y el lobo levantó la pata delantera y la puso mansamente sobre la mano de Francisco, dándole la señal de fe que le pedía. Luego le dijo Francisco:

—Hermano lobo, te mando, en nombre de Jesucristo, que vengas conmigo ahora sin temor alguno; vamos a concluir esta paz en el nombre de Dios.

El lobo, obediente, marchó con él como manso cordero, en medio del asombro de los habitantes. Corrió rápidamente la noticia por toda la ciudad; y todos, grandes y pequeños, hombres y mujeres, fueron acudiendo a la plaza para ver el lobo con Francisco.

Cuando todo el pueblo se hubo reunido, Francisco se levantó y les predicó, diciéndoles, entre otras cosas, cómo Dios permite tales calamidades por causa de los pecados; y que es mucho más de temer el fuego del infierno, que ha de durar eternamente para los condenados, que no la ferocidad de un lobo, que sólo puede matar el cuerpo; y si la boca de un pequeño animal infunde tanto miedo y terror a tanta gente, cuánto más de temer no será la boca del infierno. Volveos, pues, a Dios, y haced penitencia de vuestros pecados, y Dios os librará del lobo al presente y del fuego infernal al futuro.

Terminado el sermón, dijo Francisco:

—Escuchad hermanos míos: el hermano lobo, que está aquí ante vosotros, me ha prometido y dado su fe de hacer paces con vosotros y de no dañaros en adelante en cosa alguna si vosotros os comprometéis a darle cada día lo que necesita. Yo salgo fiador por él de que cumplirá fielmente por su parte el acuerdo de paz.

Entonces todo el pueblo, a una voz, prometió alimentarlo continuamente. Y Francisco dijo al lobo delante de todos:

—Y tú, hermano lobo, ¿me prometes cumplir para con ellos el acuerdo de paz, es decir, que no harás daño ni a los hombres, ni a los animales, ni a criatura alguna?

El lobo se arrodilló y bajó la cabeza, manifestando con gestos mansos del cuerpo, de la cola y de las orejas, en la forma que podía, su voluntad de cumplir todas las condiciones del acuerdo.

Añadió Francisco:

—Hermano lobo, quiero que así como me has dado fe de esta promesa fuera de las puertas de la ciudad, vuelvas ahora a darme fe delante de todo el pueblo de que yo no me quedaré engañado en la palabra que he dado en nombre tuyo.

Entonces, el lobo, alzando la pata derecha, la puso en la mano de Francisco. Este acto y los otros que se han referido produjeron tanta admiración y alegría en todo el pueblo, así por la devoción del Santo como por la novedad del milagro y por la paz con el lobo, que todos comenzaron a clamar al cielo, alabando y bendiciendo a Dios por haberles enviado a Francisco, el cual, por sus méritos, los había librado de la boca de la bestia feroz.

El lobo siguió viviendo dos años en Gubbio; entraba mansamente en las casas de puerta en puerta, sin causar mal a nadie y sin recibirlo de ninguno. La gente lo alimentaba cortésmente, y aunque iba así por la ciudad y por las casas, nunca le ladraban los perros.

Al cabo de dos años, el hermano lobo murió de viejo; los habitantes lo sintieron mucho, ya que, al verlo andar tan manso por la ciudad, les traía a la memoria la virtud y la santidad de Francisco.

23

Resiste la tentación

Según aumentaban los méritos de Francisco, aumentaba también la discordia con la antigua serpiente. A más excelentes carismas de aquél, seguían más sutiles tentaciones de ésta, y se entablaban combates más violentos. Y por más que hubiese comprobado que se las había cedido ni por un momento en el combate, sin embargo, seguía todavía empeñado en presentar batallas al constante vencedor.

Por algún tiempo, en efecto, experimentó Francisco una pesadísima tentación espiritual, para enriquecimiento, por cierto, de su corona. Por esta causa se angustiaba y se colmaba de dolores, maltrataba y maceraba el cuerpo, oraba y lloraba amargamente.

Tal combate se prolongaba por años; hasta que un día, mientras oraba en Santa María de la Porciúncula, oyó en espíritu una voz:

—Francisco, si tienes fe como un grano de mostaza, dirás a esta montaña que se traslade, y se trasladará.

Respondió Francisco:

—Señor, ¿cuál es la montaña que quisiera trasladar?

Y oyó de nuevo:

—La montaña es tu tentación.

Y él llorando dijo:

—Señor, hágase en mí como has dicho.

Y al instante quedó librado de la tentación.

Pero Francisco no sólo se enfrentaba con las acometidas de las tentaciones de Satanás, sino que luchaba con él cuerpo a cuerpo.

Invitado en una ocasión por el señor León, cardenal de la Santa Cruz, a morar por algún tiempo con él en Roma, escogió para sí una torre apartada.

Sucedió, pues, la primera noche; después de una prolongada oración con Dios, cuando se disponía a reposar, vienen los demonios y entablan contra Francisco una lucha a muerte. Lo hostigan por muy largo tiempo y con extrema crueldad y lo dejan al fin medio muerto. Al retirarse los demonios, recobrado ya el aliento, Francisco llama a su compañero, que dormía en otra de las habitaciones, y al presentársele le dice:

—Hermano, quiero que estés a mi lado, porque tengo miedo a quedarme solo. Hace poco que me han azotado los demonios.

Y Francisco temblaba y sentía escalofríos como quien tiene fiebre altísima.

Pasada, pues, la noche sin pegar ojo, dijo Francisco a su compañero:

—Los demonios son ministros de nuestro Señor, que se sirve de ellos para castigar los excesos. Y es señal de gracia mayor que no deje nada sin castigo en su siervo mientras vive en el mundo. Mas yo no recuerdo falta que no haya lavado en la satisfacción por la misericordia de Dios, porque en su designación paternal ha tenido a bien manifestarme siempre en la oración y en la meditación qué es lo que le agrada y desagrada. Pero puede ser que haya permitido a esos ministros echarse sobre mí por esto: el que yo me hospede en los palacios de los potentados no da buena idea de mí ante los demás. Mis hermanos, que conviven en lugares pobres, al oír que estoy con cardenales, pensarán tal vez que nado en delicias. Por tanto, hermano, pienso que va mejor a quien está puesto como modelo huir de los palacios y hacer fuertes a los que padecen penurias, padeciendo iguales privaciones.

Así que de mañana se presentaron al cardenal, y, después de haberle contado todo, se despidieron de él.

24

Clara orando

María, que, sentada a los pies del Señor, escucha sus palabras, ha constituido desde los más remotos tiempos el símbolo de la vida contemplativa, en contraposición a Marta, que se afana demasiado por las cosas que perecen. Y a Marta, inquieta porque su hermana no le ayuda a servir, le responde Cristo: "Una sola cosa es necesaria. María ha escogido la mejor parte, que no le será arrebatada."

Únicamente la "mejor parte", el amor que no se sacia de contemplar, es la destinada a permanecer eternamente.

A esta mejor parte —la experiencia contemplativa— ha sido llamada Clara de Asís, que hace de su vida, de sus horas de oración y de las de su trabajo, de las horas de alegría y de las de sufrimiento, una continua búsqueda contemplativa de Dios, una experiencia humilde, oscura y asidua del amor.

La contemplación le hace penetrar poco a poco en la profundidad abismal del misterio de Dios, en la que se unen silencio y palabra, soledad y comunión, separación y presencia.

La vida de Clara, en el vacío y en la pobreza de una trama de días siempre iguales, edificados sobre el Evangelio, llega a ser una atención al Señor, una adhesión, una intimidad, un amor, una aceptación, una presencia recíproca, un estupor y una admiración ante las obras de Dios, una asimilación de su Palabra, una soledad con Él, un silencio, una comunión, una participación: es una actuación del plan de Dios, salvación en acto por la que se realiza tal plan en el cristiano, y, por medio de él, en la Iglesia.

Contemplación: una apertura sin límites al Espíritu del Señor, por la Iglesia y por el mundo; un ofrecer a Dios campo libre, en libertad de todo lo humano, en pobreza del ser, de las cosas, del "yo", para adherirse completamente a Él en "espíritu y corazón"; para realizar la Pascua en Él, con Él, en el Padre.

Así Francisco ha enseñado a Clara a "restaurar" al hombre, la "casa de Dios que se arruina"; y esto, no haciendo, sino siendo; haciendo lugar a Dios y a su plan de salvación para la humanidad entera; convirtiéndose en pobreza que se amplía humildemente, contemplativamente, hasta el Infinito. Como Francisco: "¿quién eres tú, dulcísimo Dios mío? Y ¿quién soy yo, gusano vilísimo e inútil siervo tuyo?"

Un relámpago rasga la noche de la fe y una luz se enciende y arde, quieta y vívida, en el alma pobre y pacificada. El Hijo de Dios visita al alma fiel y establece en ella su morada, como en el seno de María: "Quien me ama, será amado por mi Padre, y yo lo amaré, y vendremos a él, y moraremos en él".

Así oraba Clara en San Damián, y cada meditación suya acaba siempre en la contemplación de Cristo. Basta hojear sus escritos para darse cuenta de que su corazón y su pensamiento están siempre dirigidos a Cristo con una mirada de amor.

Clara no ha escrito mucho, pero, como Francisco, todo lo que ha escrito es fruto de experiencia, de su "estar" con Dios, de su desposorio en el Espíritu Santo, envuelto, como el de María, por un velo de silencio. Sólo la hermana muerte descorrerá un poco este velo; y aparecerá una Clara, "hija y esclava del Altísimo Padre", tal como Francisco la ha querido, en una maravillosa "infancia espiritual".

Esto es Clara: un arco iris de oración, una palabra de amor siempre viva ante el Altísimo, un gracias gozoso e infantil que brota ante las cosas más pequeñas, las cosas elementales de la vida; un gracias que resuena inmenso en el cielo del Padre y que tiene un nombre: "contemplación".

La tradición cristiana ha entendido así la verdadera amistad: como un medio de crecimiento y de maduración espiritual. Y así ha resultado entre Francisco y Clara.

La relación amorosa del hombre y la mujer es el sustrato de la revelación del Amor de Dios, el cual nos viene manifestado ya sea en la experiencia conyugal de Oseas, ya en el éxtasis amoroso del Cantar, ya en la virginidad por el Reino que Jesús introduce.

Francisco y Clara forman parte de la prolongación histórica de aquel lejano relato del Génesis, donde Yahvé dio al hombre una ayuda que le fuera semejante, carne de su carne y hueso de sus huesos. Esta capacidad de ser complemento está inserto en el ser de cada hombre y cada mujer, Francisco y Clara la han descubierto y la han vivido "carismáticamente", es decir, como don del Espíritu, y han sabido ser "una sola carne" desde ese amor virginal que el Señor inauguró.

Una es la vocación franciscana: renovar la vida de Cristo. Pero hay un solo modo de renovar enteramente a Cristo en la tierra, en su estar totalmente a disposición del Padre y enteramente al servicio de los hombres; consiste en ser a la vez Francisco y Clara. La única inspiración franciscana se articula así en dos dimensiones: la contemplativa, de apertura a la Palabra; la activa, de testimonio de la Palabra. Son las dos dimensiones del amor, que es a la vez siempre contemplativo y siempre activo, cuando es amor; porque mientras trabaja, piensa en el reposo con el Amado;

y cuando reposa con él, sueña en realizar grandes empresas para testimoniarle amor.

Clara se vio enriquecida con la intuición emprendedora de Francisco, que fue quien comenzó esta forma de vida y quien profetizó la venida de las hermanas, como también recibió del Poverello la discreción misericordiosa y materna en el uso de las mortificaciones y ayunos, notas todas ellas que pertenecen al "ser femenino"; pero igualmente Francisco recibió de Clara el testimonio de la fortaleza serena y de la fidelidad sin claudicaciones y la ayuda para discernir en momentos de duda vocacional, notas que a su vez pertenecen al "ser masculino".

Así pues, no sólo fueron complementarios en enriquecerse con su densidad varonil o femenina, sino también en darse complementariamente el "ser femenino" que había en Francisco o el "ser masculino" que Clara tenía. En este sentido podemos decir que Francisco es el rostro femenino de Clara, y ella el rostro femenino de Francisco.

Entre los muchos lugares de encuentro entre Dios y el hombre, sobresale la amistad como el lugar excepcional elegido por Él para hablarnos y manifestársenos.

De ahí que digamos que la verdadera amistad, la más plena y plenificante, es "cosa de tres": Dios y los dos amigos. Este trío que forma la verdadera amistad, no es uniforme sino diferenciado. En tanto no podemos comparar el Amor que Dios pone, al amor que aporta el hombre. El Amor de Dios es infinitamente incomparable y superior al amor humano. Por eso el puesto de Dios no es un simple "tercer participante", sino el que precisamente da sentido, sabor, posibilidad a la amistad humana.

Siempre toda amistad ha de ser necesariamente exclusiva, aunque no excluyente de nada ni de nadie, sino más bien incluyente. Desde la exclusividad del amor-amistad de Dios, puede darse inclusivamente el amor-amistad de otra persona; lógicamente debe ser una inclusión diferenciada, y su criterio y medida será precisamente la totalidad del amor exclusivo que está en la entraña de la misma amistad. Referido esto a Dios: no se excluye a nadie por Él, sino más bien en Él todo se incluye, se encuentra, se goza y descubre... Él mismo es el criterio y la medida, su Amor y Amistad, su total suficiencia.

Pues bien, esto es lo que subyace en el universo amistoso de Francisco y Clara: no ellos dos junto a Dios, sino ellos dos en Dios. Y por eso se puede sostener la renuncia a toda relación sexual—genital, la subordinación de todos los demás amores. Sólo Dios es Absoluto, y esto lo han interpretado diversamente tantos místicos: "Sólo Dios basta", "mi Dios y mi Todo".

Para Francisco, la mujer es camino hacia el amor de Dios y revelación en el amor humano del propio amor de Dios hacia los hombres. La mujer no debe ser motivo de huida ni de obsesión. Con su clara mirada, que destruye las seducciones de lo imaginario es capaz de mirar a Clara con casto amor.

Este amor-amistad que, siendo armoniosamente humano, nace de Dios, crece en Dios, lleva a Dios, y que teniendo el sello de la virginidad no se repliega sobre sí mismo ni tiene una actitud apropiadora y posesiva, sino que se abre universalmente al servicio incondicional del Reino.

Francisco y Clara han sido, por todo ello, testigos del Amor Supremo; y necesitamos beber ese testimonio para vivirlo en profundidad cuando se ha concedido el don por parte de Dios. Ni provocarlo, ni pretenderlo. Como los mejores regalos de la vida, esta amistad no se debe buscar, sino sencillamente esperar... cuando el Dador quiera, donde Él quiera, con quien Él quiera. Todo lo demás es ficción, apropiación o evasión.

Por eso dos amigos no pueden decirse: "te quiero", del mismo modo que otro hombre se lo dice a una mujer a la que él puede manifestar su ternura; pero pueden decirse:

"Dios te ama" y en ese amor yo te amo. Podrán amarse con el amor con que Cristo amaba a sus amigos. Ese amor podrá ser, en lo profundo del ser, tan fuerte como la muerte, pero se manifestará como la más limpia de las amistades.

Francisco y Clara son testigos del Amor de Dios; no sólo en su fidelidad personal a las llamadas concretas del Señor, son testigos de su Amor precisamente en la entraña del amor que unió sus vidas y que se manifestó discretamente en una de las más célebres historias de amistad espiritual.

...quien lee estas líneas, ¡cómo no adivinar precisamente "entre líneas" la pasión de amor totalitario, loco hacia Dios, que anidó el corazón de estos célebres amigos, Francisco y Clara!

25

El pequeño patio

Era tanta la pobreza, el recogimiento, la paz, que en los tiempos de Francisco reinaba en el eremitorio de las Cárceles, que fácilmente se comprende cómo los mejores de sus discípulos gustaban retirarse, de cuando en cuando, particularmente al volver de alguna de sus largas peregrinaciones apostólicas, al místico retiro.

Todavía se ven socavadas en la viva roca, rodeadas de verdor, diseminadas en el bosque, blancas como corderos sobre el fondo de esmeralda, las grutas solitarias que fueron un tiempo habitación de los primeros compañeros de Francisco: Bernardo de Quintavalle, Maseo de Marignano, Rufino de Asís, Egidio, Junípero, Silvestre...

En sus antros angostos, donde apenas cabe un cuerpo echado, y en el que todo el mobiliario consistía en un crucifijo y una almohada de piedra o de madera, los devotos hermanos pasaban las horas tranquilas del reposo y las de extática oración. Y en torno de estas pobres celdas, por los senderos frondosos del bosque, a la sombra de las rocas y de los árboles, sucedieron no pocos de los conmovedores episodios que entretejen la historia y la leyenda de las primeras generaciones franciscanas, cuyos protagonistas fueron, juntamente con el seráfico Padre, los ingenuos y sublimes personajes de las Florecillas.

Aquí el Poverello, que estaba casi ciego por la aspereza de la penitencia y por el continuo llanto por su Amor crucificado, vino a pedir consuelo a Fray Bernardo. El piadoso religioso, absorto en éxtasis, no oyó la súplica del Maestro, quien habiéndole juzgado mal, se echó al suelo boca arriba, ante su discípulo y le obligó a ponerle un pie sobre la garganta y otro sobre la boca, diciéndole villanías...

Aquí el humilde Fundador, atormentado por una duda dolorosa, sobre si debía continuar o consagrarse menos al ministerio apostólico, mandó a Fray Maseo a pedir consejo a Fray Silvestre.

Aquí también el amoroso Pobrecillo vino varias veces a desengañar a Fray Rufino, víctima de tentaciones astutas, enseñándole a vencer, con el desprecio, el engaño del demonio.

Sagrado es también este eremitorio de las Cárceles, donde subieron a templarse en la virtud hombres admirables por su santidad y heroísmo; corazones generosos adiestrados en las luchas del espíritu, habituados a la renuncia y al sacrificio; almas que, despreciando evangélicamente la vanidad, los placeres, las miserias de la vida, supieron lograr aquella serena e íntima alegría franciscana.

26

Monte Alverna

Francisco a la edad de 43 años, en 1224, inspirado por Dios, se puso en camino desde el valle de Espoleto a la Romaña, llevando al hermano León por compañero.

Siguiendo esta ruta, pasó al pie del castillo de Montefeltro, donde a la sazón se estaba celebrando un gran convite y cortejo con ocasión de ser armado caballero uno de los condes de Montefeltro.

Al enterarse Francisco de que había allí tal fiesta y de que se habían reunido muchos nobles de diversos países, dijo al hermano León:

—Subamos a esta fiesta; puede ser que, con la ayuda de Dios, hagamos algún fruto espiritual.

Había, entre otros nobles llegados para el cortejo, un grande y rico gentilhombre de Toscana, por nombre messer Orlando de Chiusi, el cual, por cosas admirables que había oído de la santidad y de los milagros de Francisco, le profesaba gran devoción, y ardía en deseos de verle y de oírle predicar.

Llegó Francisco al castillo, entró sin más y se fue a la plaza de armas, donde se hallaba reunida toda aquella multitud de nobles; lleno de fervor de espíritu, se subió a un poyo y se puso a predicar, proponiendo este tema en lengua vulgar:

—Es tanto el bien que espero, que toda pena es para mí un placer.

Y sobre este tema, bajo el dictado del Espíritu Santo, predicó con tal devoción y profundidad, alegando las diversas penas y martirios de los santos apóstoles y mártires y de los demás santos, que toda la gente estaba con los ojos y con la mente fijos en él, escuchándole como si hablase un ángel de Dios.

Y dicho messer Orlando, tocado por Dios en el corazón por la admirable predicación de Francisco, tomó la resolución de ir, después del sermón, a tratar con él de los asuntos de su alma.

Terminado, pues, el sermón, tomó aparte a Francisco y le dijo:

—Padre, yo quisiera tratar contigo sobre los asuntos de mi alma.

—Me parece muy bien —le respondió Francisco—; pero ahora vete y cumple esta mañana con los amigos que te han invitado a la fiesta, come con ellos, y después de la comida hablaremos todo lo que tú quieras.

Así, pues, fue messer Orlando a comer; terminada la comida, volvió a Francisco, y trató y dispuso con él plenamente los asuntos de su alma.

Al final dijo messer Orlando a Francisco:

—Tengo en Toscana un monte muy a propósito para la oración, que se llama monte Alverna (se encuentra en la actual provincia de Arezzo y alcanza una altura de 1128 metros); es muy solitario y boscoso, muy apropiado para quien quisiera hacer penitencia en un lugar retirado de la gente o llevar vida solitaria. Si lo hallaras de tu agrado, de buena gana lo donaría a ti y a tus compañeros por la salud de mi alma.

Al escuchar Francisco tan generoso ofrecimiento de algo que él deseaba mucho, sintió grandísima alegría y, alabando y dando gracias, ante todo, a Dios y después a messer Orlando, le dijo:

—Messer, cuando estéis de vuelta en vuestra casa, os enviaré a algunos de mis compañeros y les mostraréis ese monte. Si a ellos les parece apto para la oración y para hacer penitencia, ya desde ahora acepto vuestro caritativo ofrecimiento.

Dicho esto, Francisco se marchó, y, terminado su viaje, regresó a Santa María de los Ángeles. Por su parte, messer Orlando, terminados los festejos de aquel cortejo, volvió a su castillo que se llama Chiusi y se halla a una milla de Alverna.

Vuelto, pues, Francisco envió a dos de sus hermanos al dicho messer Orlando. Cuando hubieron llegado, fueron recibidos por él con grandísima alegría y caridad.

Y les mostró el monte Alverna. Llegaron a un paraje muy recogido y apto para la contemplación; éste fue el lugar que escogieron para morada. Y allí mismo levantaron un cobertizo de ramas de árboles (es el lugar donde actualmente se eleva la iglesia de Santa María de los Ángeles, construida en tiempos de Francisco y agrandada más tarde). Así aceptaron y tomaron posesión, en nombre de Dios, del monte Alverna. Después partieron y regresaron donde Francisco.

Cuando llegaron le refirieron cómo y en qué manera habían tomado posesión del lugar, muy apropiado para la oración y la contemplación. Al oír Francisco estas nuevas, se alegró mucho, y, alabó y dio gracias a Dios.

Estando próxima la fiesta de la Exaltación de la Santa Cruz, el 14 de septiembre, fue una noche el hermano León, a la hora acostumbrada, para rezar los maitines con Francisco. Lo mismo que otras veces, dijo desde el extremo de la pasarela:

—*Domine, labia mea aperies.*

Y Francisco no respondió. El hermano León no se volvió atrás, como Francisco se le tenía ordenado, sino que, con buena y santa intención, pasó y entró suavemente en su celda; no encontrándolo, pensó que estaría en oración en algún lugar del bosque. Salió fuera, y fue buscando sigilosamente. Por fin oyó la voz de Francisco, y, acercándose, lo halló arrodillado, con el rostro y las manos levantadas hacia el cielo, mientras decía lleno de fervor de espíritu:

—¿Quién eres tú, dulcísimo Dios mío? Y, ¿quién soy yo, gusano vilísimo e inútil siervo tuyo?

Y repetía siempre las mismas palabras, sin decir otra cosa. El hermano León, fuertemente sorprendido de lo que veía, levantó los ojos y miró hacia el cielo; y, mientras estaba mirando, vio bajar del cielo un haz de luz bellísima y deslumbrante, que vino a posarse sobre la cabeza de Francisco; y oyó que de la llama luminosa salía una voz que hablaba con Francisco; pero el hermano León no entendía lo que hablaba.

Al ver esto, y reputándose indigno de estar tan cerca de aquel santo sitio donde tenía lugar la aparición y temiendo, por otra parte, ofender a Francisco o estorbarle en su consolación si se daba cuenta, se fue retirando poco a poco sin hacer ruido, y desde lejos esperó hasta ver el final. Y, mirando con atención, vio como Francisco extendía por tres veces las manos hacia la llama; finalmente, al cabo de un buen rato, vio cómo la llama volvía al cielo.

Se marchó entonces, seguro y alegre por lo que había visto, y se encaminó a su celda. Como iba descuidado, Francisco oyó el ruido que producían sus pies en las hojas del suelo, y le mandó que le esperase y no se moviese.

El hermano León obedeció y se estuvo quieto esperándole; tan sobrecogido de miedo, que, como él lo refirió después a los compañeros, en aquel momento hubiera preferido que lo tragara la tierra antes que esperar a Francisco, por pensar que estaría incomodado contra él. Cuando estuvo cerca, Francisco le preguntó:

—¿Quién eres tú?

—Yo soy el hermano León, padre mío —respondió temblando de pies a cabeza.

—Y ¿por qué has venido aquí, hermano ovejuela? —prosiguió Francisco—. ¿No te tengo dicho que no andes observándome? Te mando, por santa obediencia, que me digas si has visto u oído algo.

El hermano León respondió:

—Padre, yo te he oído hablar y decir varias veces: ¿Quién eres tú, dulcísimo Dios mío? y ¿quién soy yo, gusano vilísimo e inútil siervo tuyo?

Cayendo entonces de rodillas el hermano León a los pies de Francisco, se reconoció culpable de desobediencia y le pidió perdón con muchas lágrimas. Y enseguida le rogó devotamente que le explicara aquellas palabras que él había oído y le dijera las otras que no había entendido.

Entonces, Francisco, en vista de que Dios había revelado o concedido al humilde hermano León, por su sencillez y candor, ver algunas cosas, condescendió en manifestarle y explicarle lo que pedía, y le habló así:

—Has de saber, hermano ovejuela de Jesucristo, que, cuando yo decía las palabras que tú escuchaste, mi alma era iluminada con dos luces: una me daba la noticia y el conocimiento del Creador, la otra me daba el conocimiento de mí mismo. Cuando yo decía: ¿Quién eres tú, dulcísimo Dios mío?, me hallaba invadido por una luz de contemplación, en la cual yo veía el abismo de la infinita bondad, sabiduría y omnipotencia de Dios. Y cuando yo decía: ¿quién soy yo, etc.?, la otra luz de contemplación me hacía ver el fondo deplorable de mi vileza y miseria. Por eso decía: ¿quién eres tú, Señor de infinita bondad, sabiduría y omnipotencia, que te dignas visitarme a mí, que soy un gusano vil? En aquella llama que viste estaba Dios, que me hablaba bajo aquella forma, como había hablado antiguamente a Moisés. Y, entre otras cosas que me dijo, me pidió que le ofreciese tres dones; yo le respondí: "Señor Dios mío, yo soy todo tuyo. Tú sabes bien que no tengo otra cosa que el hábito, la cuerda y los calzones, y aun estas tres cosas son tuyas; ¿qué es lo que puedo, pues, ofrecer o dar a tu majestad?" Entonces Dios me dijo:

"Busca en tu seno y ofréceme lo que encuentres". Busqué, y hallé una bola de oro, y se la ofrecí a Dios; hice lo mismo por tres veces, pues Dios me lo mandó tres veces; y después me arrodillé tres veces, bendiciendo y dando gracias a Dios, que me había dado alguna cosa que ofrecerle. Enseguida se me dio a entender que aquellos tres dones significaban la santa obediencia, la altísima pobreza y la resplandeciente castidad, que Dios, por gracia suya, me ha concedido observar tan perfectamente, que nada me reprende la conciencia. Y así como tú me veías meter la mano en el seno y ofrecer a Dios estas tres virtudes, significadas por aquellas tres bolas de oro que me había puesto Dios en el seno, así me ha dado Dios tal virtud en el alma, que no ceso de alabarle y glorificarle con el corazón y con la boca por todos los bienes y todas las gracias que me ha concedido. Estas son las palabras que has oído y aquel elevar las manos por tres veces que has visto. Pero guárdate bien, hermano ovejuela, de seguir espiándome; vuélvete a tu celda con la bendición de Dios.

El día que precede a la fiesta de la Cruz de septiembre, hallándose Francisco en oración recogido en su celda, se le apareció un ángel y le dijo de parte de Dios:

—Vengo a confortarte y a avisarte que te prepares y dispongas con humildad y paciencia para recibir lo que Dios quiera hacer de ti.

—Estoy preparado para soportar pacientemente todo lo que mi Señor quiera de mí; respondió Francisco.

Dicho esto, el ángel desapareció.

Llegó el día siguiente, o sea, el de la fiesta de la Cruz (14 de septiembre), Francisco muy de mañana, antes de amanecer, se postró en oración delante de la puerta de su celda, con el rostro vuelto hacia el oriente; y oraba de este modo:

—Señor mío Jesucristo, dos gracias te pido me concedas antes de mi muerte: la primera, que yo experimente en vida, en el alma y en el cuerpo, aquel dolor que tú, dulce Jesús, soportaste en la hora de tu pasión; la segunda, que yo experimente en mi corazón, en la medida posible, aquel amor sin medida en que tú, Hijo de Dios, ardías cuando te ofreciste a sufrir tantos padecimientos por nosotros pecadores.

Y permaneciendo por largo tiempo en esta plegaria, entendió que Dios le escucharía y que, en cuanto es posible a una pura criatura, le sería concedido en breve experimentar dichas cosas.

Animado con esta promesa, comenzó Francisco a contemplar con gran devoción la pasión de Cristo y su infinita caridad. Y crecía tanto en él el fervor de la devoción, que se transformaba totalmente en Jesús por el amor y por la compasión.

Estando así inflamado en esta contemplación, aquella misma mañana vio bajar del cielo un serafín con seis alas de fuego resplandecientes. El serafín se acercó a Francisco en raudo vuelo tan próximo, que él podía observarlo bien: vio claramente que presentaba la imagen de un hombre crucificado y que las alas estaban dispuestas de tal manera, que dos de ellas se extendían sobre la cabeza, dos se desplegaban para volar y las otras dos cubrían todo el cuerpo.

Ante tal visión, Francisco quedó fuertemente turbado, al mismo tiempo que lleno de alegría, mezclada de dolor y de admiración.

Sentía grandísima alegría ante el aspecto de Cristo, que se le aparecía con tanta familiaridad y que le miraba tan amorosamente; pero, por otro lado, al verlo clavado en la cruz, experimentaba desmedido dolor de compasión.

No cabía de admiración ante una visión tan estupenda e insólita, pues sabía muy bien que la debilidad de la pasión no dice bien con la inmortalidad de un espíritu seráfico.

Absorto en esta admiración, le reveló el que se le aparecía que, por disposición divina, le era mostrada la visión en aquella forma para que entendiese que no por martirio corporal, sino por incendio espiritual, había de quedar él totalmente transformado en expresa semejanza de Cristo crucificado.

Durante esta admirable aparición parecía que todo el monte Alverna estuviera ardiendo entre llamas resplandecientes, que iluminaban todos los montes y los valles del contorno como si el sol brillara sobre la tierra.

En esa aparición seráfica, Cristo, que era quien se aparecía, habló a Francisco de ciertas cosas secretas y sublimes, que Francisco jamás quiso manifestar a nadie en vida, pero después de su muerte las reveló, y fueron éstas:

—¿Sabes tú —dijo Cristo— lo que yo he hecho? Te he hecho el don de las llagas, que son las señales de mi pasión, para que tú seas mi portaestandarte. Y así como yo el día de mi muerte bajé al limbo y saqué de él a todas las almas que encontré allí en virtud de mis llagas, de la misma manera te concedo que cada año, el día de tu muerte, vayas al purgatorio y saques de él, por la virtud de tus llagas, a todas las almas que encuentres allí de tus tres Ordenes, o sea, de los Menores, Clarisas y Terciarios, y también las de otros que hayan sido muy devotos tuyos, y las lleves a la gloria del paraíso, a fin de que seas conforme a mí en la muerte como lo has sido en la vida.

Cuando desapareció esta visión admirable, después de largo espacio de tiempo y de secreto coloquio, dejó en el corazón de Francisco un ardor desbordante y una llama de amor divino, y en su carne, la maravillosa imagen y huella de la pasión de Cristo. Porque al punto comenzaron a aparecer en las manos y en los pies de Francisco las señales de los clavos, de la misma manera que él las había visto en el cuerpo de Jesús crucificado, que se le apareció bajo la figura de un serafín.

Sus manos y sus pies aparecían, en efecto, clavados en la mitad con clavos, cuyas cabezas, sobresaliendo de la piel, se hallaban en las palmas de las manos y en los empeines de los pies, y cuyas puntas asomaban en el dorso de las manos y en las plantas de los pies, retorcidas y remachadas de tal forma, que por debajo del remache, que sobresalía todo de la carne, se hubiera podido introducir fácilmente el dedo de la mano, como en un anillo. Las cabezas de los clavos eran redondas y negras.

Asimismo, en el costado derecho aparecía una herida de lanza, sin cicatrizar, roja y ensangrentada, que más tarde echaba con frecuencia sangre del pecho de Francisco, ensangrentándole la túnica y los calzones.

Lo advirtieron los compañeros antes de saberlo de él mismo, observando cómo no descubría las manos ni los pies y que no podía asentar en tierra las plantas de los pies, y cuando, al lavarle la túnica y los calzones, los hallaban ensangrentados; llegaron, pues, a convencerse de que en las manos, en los pies y en el costado llevaba claramente impresa la imagen y la semejanza de Cristo crucificado.

Estos hechos los supo el hermano Jacobo de Massa de boca del hermano León, y el hermano Hugolino de Monte Santa María los supo de boca de dicho hermano Jacobo, y el que ésto escribió, de boca del hermano Hugolino, hombre enteramente digno de fe.

Terminada la cuaresma de cuarenta días en honor de San Miguel Arcángel en el monte Alverna (fue el 30 de septiembre de 1224), después de la solemnidad de San Miguel bajó de la montaña Francisco con el hermano León y con un devoto labriego, en cuyo asno iba montado, ya que, por causa de los clavos de los pies, no podía caminar a pie, sino con mucha dificultad.

Habiendo, pues, bajado del monte Francisco, como la fama de su santidad se había ya divulgado por la comarca y los pastores habían difundido el hecho de haber visto en llamas el monte Alverna, lo cual era señal de que Dios había hecho algún milagro a Francisco, toda la gente del país, al oír que pasaba, acudía a verlo: hombres y mujeres, pequeños y grandes, todos pugnaban por tocarle y besarle la mano con gran devoción.

No pudiendo él sustraerse a la devoción de la gente, aunque llevaba vendadas las palmas, con todo, para ocultar mejor las llagas, todavía se las envolvía y cubría con las mangas, y daba a besar solamente los dedos descubiertos.

Después de recibir las divinas llagas, cierto día pasó Francisco por Borgo San Sepolcro, y antes de que llegase a la población le salió al encuentro multitud de gente de la ciudad y de las aldeas vecinas; muchos de ellos iban delante de él con ramas de olivo en las manos y gritando con fuerza:

—¡Aquí viene el santo, aquí viene el santo!

Y la gente se agolpaba y apretaba sobre él en su deseo de tocarle por devoción. Pero él iba con la mente tan elevada y absorto en Dios por la contemplación, que, por más que le tocaban, y tiraban, y apretaban, como si fuera insensible, no sentía nada de cuanto sucedía o se decía en torno a él, y ni siquiera se dio cuenta de que pasaba por la ciudad ni por la comarca.

En efecto, cuando pasaron Borgo y la multitud se volvió a sus casas, al llegar a una leprosería a una milla más allá de Borgo, volvió en sí de la celeste contemplación, y, como si viniese del otro mundo, preguntó al compañero:

—¿Cuándo llegamos a Borgo?

A la verdad, su espíritu, fijo y absorto en la contemplación, no se había dado cuenta de las cosas de la tierra, ni de la diversidad de los lugares y de los tiempos, ni de las personas que encontraba. Esto le sucedió también otras veces, como pudieron claramente comprobar sus compañeros.

27

Bendice a los suyos

Una noche se agravaron tanto los dolores de su enfermedad, que apenas pudo en toda la noche ni descansar ni dormir. Después del amanecer, cuando los dolores habían disminuido algo, mandó llamar a todos los hermanos que había allí, y luego que se colocaron en rededor de él, se imaginó y vio en ellos a todos los hermanos. Y, poniendo la mano derecha sobre la cabeza de cada uno, bendijo a todos: presentes y ausentes y a los que habían de ingresar en la Orden hasta el fin de los tiempos. Y se le veía como afligido, porque no le era posible ver a todos sus hermanos e hijos antes de su muerte.

Con deseo de imitar en su muerte a su Señor y Maestro, a quien en vida había imitado con toda perfección, mandó que le trajeran unos panes; los bendijo y los hizo partir en pedazos pequeños, porque él no tenía ya fuerzas para hacerlo. Luego, tomando el pan, fue dando a cada uno un pedazo, con el mandato de que lo comiera todo.

De este modo, como el Señor el jueves antes de su muerte quiso comer con sus apóstoles en señal de amor, también el bienaventurado Francisco, perfecto imitador de Cristo, quiso manifestar con este signo su amor a los hermanos. Y está claro que tuviera intención de hacerlo para imitar a Cristo, porque luego preguntó si era jueves.

Al saber que no era tal día, dijo que pensaba que era jueves. Uno de los hermanos guardó un trocito de aquel pan, y, después de la muerte del bienaventurado Francisco, muchos enfermos que probaron de él sanaron al momento de sus enfermedades.

Debido a los muchos dolores de las enfermedades, no podía descansar; y observaba que los hermanos andaban muy solícitos y afanosos por atenderle. Como tenía más estima de las almas de los hermanos que de su propio cuerpo, empezó a preocuparle que, a consecuencia del mucho trabajo que por él se imponían, pudieran incurrir en la más mínima ofensa de Dios si se dejaban llevar por la impaciencia.

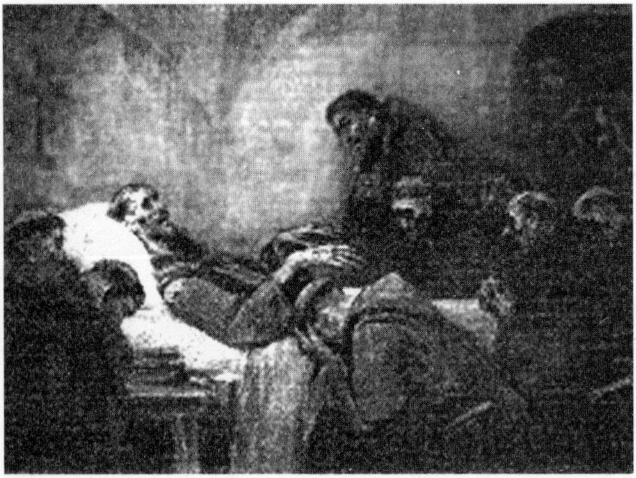

Así, movido de piedad y compasión, dijo una vez a sus compañeros:

"Carísimos hermanos míos, no os pese atenderme en la enfermedad, porque el Señor, mirando a este pequeñuelo siervo suyo, os galardonará en esta vida y en la otra con el fruto de las obras que ahora os veis precisados a omitir por cuidarme en la enfermedad; es más, adquirís mayor ganancia que si trabajarais en favor vuestro, porque todo el que me ayuda, ayuda a toda la Orden y a la vida de los hermanos. Y aún podéis decirme: Contigo haremos nuestros gastos, pero por ti será el Señor nuestro deudor".

Hablaba así Francisco, queriendo animarlos a levantar su espíritu deprimido, por el ardiente celo que tenía por la perfección de sus almas. Temía que alguna vez, pesarosos de aquellos afanes, dijeran: No tenemos tiempo para orar ni podemos llevar tanto trabajo. Y, tocados del tedio y la impaciencia, perdieran el mucho fruto del pequeño trabajo.

Clavado ya en cuerpo y alma a la cruz juntamente con Cristo, Francisco no sólo ardía en amor seráfico a Dios, sino que también, a una con Cristo crucificado, estaba devorado por la sed de acrecentar el número de los que han de salvarse.

No pudiendo caminar a pie a causa de los clavos que sobresalían en la planta de sus pies, se hacía llevar su cuerpo medio muerto a través de las ciudades y aldeas para animar a todos a llevar la cruz de Cristo.

Y dirigiéndose a sus hermanos, les decía: "Comencemos, hermanos, a servir al Señor nuestro Dios, porque bien poco es lo que hasta ahora hemos progresado."

Se abrasaba también en el ardiente deseo de volver a la humildad de los primeros tiempos, para servir, como al principio, a los leprosos y reducir a la antigua servidumbre su cuerpo, desgastado ya por el trabajo y el sufrimiento.

Se proponía, bajo la guía de Cristo, llevar a cabo cosas grandes, y aunque sumamente débil en su cuerpo, pero vigoroso en el espíritu, soñaba con nuevas batallas y nuevos triunfos sobre el enemigo, pues no hay lugar para la flojedad y la pereza allí donde el estímulo del amor apremia siempre a empresas mayores.

Era tal la armonía que reinaba entre su carne y su espíritu, tal la prontitud de mutua obediencia, que, cuando el espíritu se esforzaba por tender a la cima más alta de la santidad, la carne no sólo no le ponía el menor obstáculo, sino que procuraba adelantarse a sus deseos.

Al fin fue reducido a tal estado por estas variadas, prolongadas y continuas dolencias, que, consumidas ya sus carnes, sólo parecía quedársele la piel adherida a los huesos. Y, a pesar de sufrir en su cuerpo tan acerbos dolores, pensaba que a sus angustias no se les debía llamar penas, sino hermanas.

Cierto día en que se veía más fuertemente afligido que de ordinario por las punzadas del dolor, le dijo un hermano de gran simplicidad: "Hermano, ruega al Señor que te trate con mayor suavidad, pues parece que hace sentir sobre ti más de lo debido el peso de su mano."

Al oír estas palabras, exclamó Francisco con un gran gemido: "Si no conociera tu cándida simplicidad, desde ahora detestaría tu compañía, porque te has atrevido a juzgar reprensibles los juicios de Dios respecto de mi persona".

Francisco tuvo con mucha antelación conocimiento de la hora de su muerte, y, estando cercano el día de su tránsito, comunicó a sus hermanos que muy pronto iba a abandonar la tienda de su cuerpo, según se lo había revelado el mismo Cristo.

Probado, pues, con múltiples y dolorosas enfermedades durante los dos años que siguieron a la impresión de las llagas y trabajado a base de tantos golpes, como piedra destinada a colocarse en el edificio de la Jerusalén celeste y como material dúctil fabricado hasta la perfección con el martillo de numerosas tribulaciones, el vigésimo año de su conversión Francisco pidió ser trasladado a Santa María de la Porciúncula para exhalar el último aliento de su vida allí donde había recibido el espíritu de gracia.

Habiendo llegado a este lugar, con el fin de mostrar con un ejemplo de verdad que nada tenía él de común con el mundo en medio de aquella enfermedad tan grave que dio término a todas sus dolencias, llevado del fervor de su espíritu, se postró totalmente desnudo sobre la desnuda tierra, dispuesto en aquel trance supremo —en que el enemigo podía aún desfogar su ira—a luchar desnudo con el desnudo (desnudo, para expresar el despojo de cuanto puede ser atadura a este mundo).

Postrado así en tierra y despojado de su vestido de saco, elevó, en la forma acostumbrada, su rostro al cielo, y fijando toda su atención en aquella gloria, cubrió con la mano izquierda la herida del costado derecho a fin de que no fuera vista. Y, vuelto a sus hermanos, les dijo: "Por mi parte he cumplido lo que me incumbía; que Cristo os enseñe a vosotros lo que debéis hacer."

Lloraban sus compañeros con el corazón traspasado por el dardo de una extraordinaria compasión, y uno de ellos, a quien Francisco llamaba su guardián, conociendo por divina inspiración los deseos del enfermo, corrió presuroso en busca de la túnica, la cuerda y los calzones, y ofreciendo estas prendas a Francisco, le dijo: "Te las presto como a pobre que eres y te mando por santa obediencia que las recibas."

Francisco se alegra de ello y su corazón salta de júbilo al comprobar que hasta el fin ha guardado fidelidad a dama Pobreza y, elevando las manos al cielo, glorifica a Cristo, porque despojado de todo, se dirige libremente a su encuentro. Todo esto lo hizo llevado de su ardiente amor a la pobreza, de modo que no quiso tener ni siquiera el hábito sino prestado.

Acercándose, por fin, el momento de su tránsito, hizo llamar a su presencia a todos los hermanos que estaban en el lugar y, tratando de suavizar con palabras de consuelo el dolor que pudieran sentir ante su muerte, los exhortó con paterno afecto al amor de Dios.

Después se prolongó, hablándoles acerca de la guarda de la paciencia, de la pobreza y de la fidelidad a la santa

Iglesia romana, insistiéndoles en anteponer la observancia del santo Evangelio a todas las otras normas.

Añadió después: "Estad firmes, hijos todos, en el temor de Dios y permaneced siempre en Él. Y como ha de sobrevenir la prueba y se acerca ya la tribulación, felices aquellos que perseveraren en la obra comenzada. En cuanto a mí, ya me voy a mi Dios, a cuya gracia os dejo encomendados a todos."

A continuación mandó Francisco se le trajera el libro de los evangelios y suplicó le fuera leído aquel pasaje de San Juan que comienza así: "Antes de la fiesta de Pascua..."

Después de esto entonó él, como pudo, este salmo: "A voz en grito clamo al Señor, a voz en grito suplico al Señor..." y lo recitó hasta el fin, diciendo: "Los justos me están aguardando hasta que me des la recompensa".

Cumplidos, por fin, en Francisco todos los misterios, liberada su alma santísima de las ataduras de la carne y sumergida en el abismo de la divina claridad, se durmió en el Señor este varón bienaventurado.

28

A la gloria

Francisco murió a unos metros de su querida capilla de Santa María de los Ángeles, en una habitación que servía de enfermería y cuyo emplazamiento podemos ver en el interior de la gran basílica.

Uno de los hermanos y discípulos (Jacobo de Asís) vio cómo el alma de Francisco subía derecha al cielo en forma de una estrella refulgente, transportada por una blanca nubecilla sobre muchas aguas. Brillaba extraordinariamente, con la blancura de una sublime santidad, y aparecía colmada a raudales de sabiduría y gracia celestiales, por las que mereció el santo varón penetrar en la región de la luz y de la paz, donde descansa eternamente con Cristo.

Asimismo, el hermano Agustín, ministro de los hermanos en la Tierra de Labor, varón santo y justo —que se encontraba a punto de morir y hacía ya tiempo que había perdido el habla—, de pronto exclamó ante los hermanos que le oían: "¡Espérame, Padre, espérame, que ya voy contigo!" Pasmados los hermanos, le preguntaron con quién hablaba de forma tan animada; y él contestó: "Pero ¿no veis a nuestro padre Francisco que se dirige al cielo?" Y al momento aquella alma, saliendo de la carne, siguió a Francisco.

El obispo de Asís había ido por aquel tiempo en peregrinación al santuario de San Miguel, situado en el monte Gargamo. Estando allí, se le apareció el bienaventurado Francisco la noche misma de su tránsito y le dijo: "Mira, dejo el mundo y me voy al cielo".

Al levantarse a la mañana siguiente, el obispo refirió a los compañeros la visión que había tenido de noche, y vuelto a Asís comprobó con toda certeza, tras una cuidadosa investigación, que a la misma hora en que se le presentó la visión había volado de este mundo el bienaventurado Francisco.

Las alondras, amantes de la luz y enemigas de las tinieblas crepusculares, a la hora misma del tránsito del santo varón, cuando al crepúsculo iba a seguirle ya la noche, llegaron en una gran bandada por encima del techo de la casa y, revoloteando largo rato con insólita manifestación de alegría, rendían un testimonio tan jubiloso como evidente de la gloria de Francisco, que tantas veces las había sabido invitar al canto de las alabanzas divinas.

TÍTULOS DE ESTA COLECCIÓN

Abraham Lincoln
Adolfo Hitler
Albert Einstein
Alejandro Graham Bell
Alejandro Magno
Beethoven
Benito Mussolini
Buda
Carlota
César Borgia
Charles Chaplin
Cleopatra
Conde Cagliostro
Confucio
Cristóbal Colón
Dante Alighieri
Diana de Gales
Ernest Hemingway
Ernesto Che Guevara
Eva Perón
Federico Nietzsche
Franz Kafka
Gandhi
Gengis Kan
Harry Houdini
Hermann Hesse
Hernán Cortés
Jesús
John F. Kennedy
Joseph Fouché
Juan XXIII
Juana la Loca
Julio César
Karl Marx
Leonardo Da Vinci
Lucrecia Borgia
Mahoma
Marco Polo
María Antonieta
María Tudor
Marilyn Monroe
Marqués de Sade
Miguel Ángel
Mozart
Napoleón
Nicolás Maquiavelo
Oscar Wilde
Pitágoras
Rasputín
René Descartes
Ricardo Corazón de León
San Francisco de Asís
Sigmund Freud
Vincent Van Gogh
Vlad Tepes
William Shakespeare

NOTAS

NOTAS

NOTAS

NOTAS

Esta obra se terminó de imprimir en
OFFSET LIBRA, Francisco I. Madero No. 31,
Barrio San Miguel Iztacalco, C.P. 08650,
México, D.F. Tel: 5590-8269